きみを変える50の名言
2期
羽生結弦、志村けんほか

はじめに

あなたは困《こま》っている人がそばにいたらどう行動しますか？もし、その人が病気で苦しんでいたらどうしますか？

手を差し伸《の》べる。助ける。そこに理由や条件などいらない。そう語った哲学者《てつがくしゃ》がいました。困っている人が自分だったら。自分が難民《なんみん》の一人だったら。もし紛争地域《ふんそうちいき》で生まれていたら……。少しでもそんなふうに想像力を働かせると世界は違《ちが》って見えてきます。そして生きている不思議《ふしぎ》、生まれ、死んでいく不思議《ふしぎ》を考えるようになります。

空想から科学が生まれ、想像から自由や理想が生まれると言われます。そしてここにいる自分って誰《だれ》？と深く考えることで人と人の境界がなくなり、世界の壁《かべ》が消えて真の自由が得られると哲学者《てつがくしゃ》は語りました。

世界で起こるいろいろな出来事は、じつは日々自分の心の中で起きている出来事だという考え方があります。自分がここにいて、考え、想像しなければ世界も存在《そんざい》しません。

さまざまな出来事を、自分の心の目で見て、冷静に考える。想像力は可能性を引き出します。それを信じて一歩前へ踏《ふ》み出してみる。その一歩の勇気が、二歩、三歩となって、やがて大きな飛躍《ひやく》へとつながります。

立ちはだかる壁《かべ》や課題はいっぱいあるが、
それを乗り越《こ》えたら、
絶対その上が見えてくると思った。

羽《は》生《にゅう》結《ゆ》弦《づる》

1994〜
フィギュアスケート選手（男子シングル）、
2014・2018年紫綬《しじゅ》褒章《ほうしょう》、2018年国民栄誉《えいよ》賞

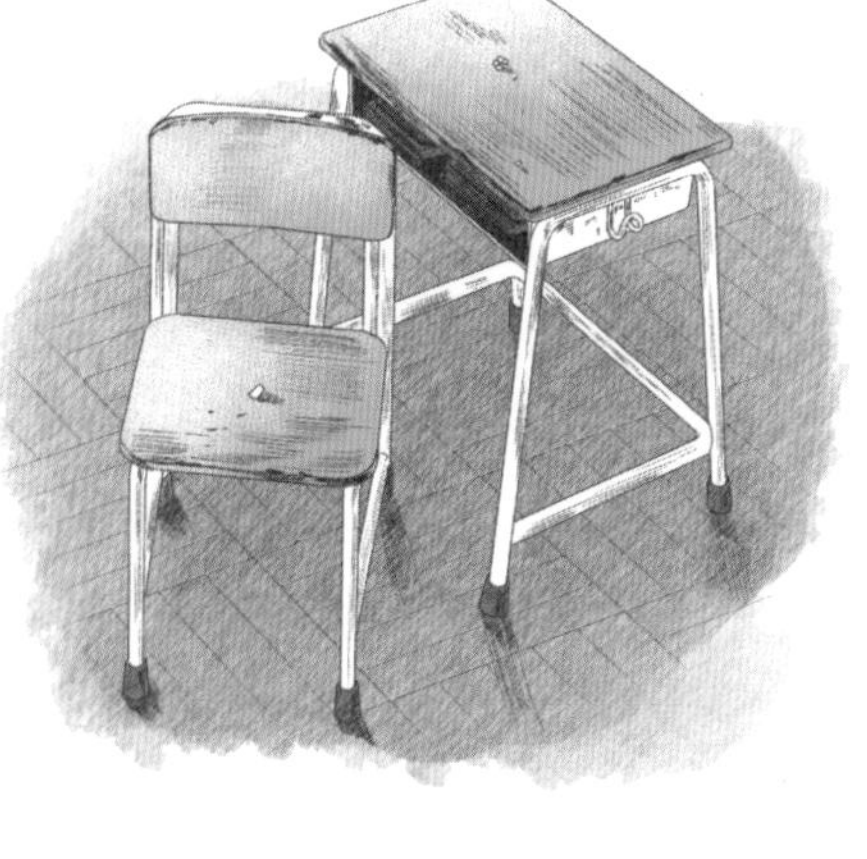

羽生結弦《はにゅうゆづる》さんは、2014年のソチ、2018年の平昌《ぴょんちゃん》オリンピックの2大会連続金メダリストで、国民栄誉《えいよ》賞を最年少で受賞した天才スケーターです。ミスのない〝パーフェクト〟に近い彼《かれ》の演技はどこから生まれるのでしょう。

立ちはだかる壁《かべ》や課題とは？　彼《かれ》は2歳《さい》の頃《ころ》から〝ぜんそく〟の持病があって、それを克服《こくふく》するためにスケートをはじめたそうです。今も完治しておらず、そんな体力面での大きなハンデが一つの壁《かべ》になっているようです。

〝課題〟はメンタル（精神面）。目標を高く設定し、一つひとつ乗り越《こ》えることでその上（金メダル）に近づいていきます。体力面で劣《おと》るからこそ、人一倍練習してそれに打ち勝つ。やはり、同じスケーターで金メダリストの清水宏保《しみずひろやす》さんも〝ぜんそく〟で苦しみながらその上をめざした人でした。

彼《かれ》が演技の前におこなう胸《むね》の前で十字を切るようなしぐさや、終わった後に見せる天をあおぐようなしぐさ。あれは彼《かれ》が考えた〝おまじない〟だそうで、きっと、〝十字〟は演技に集中するために、〝天をあおぐ〟のは、全力を出し切った充《じゅう》足《そく》感《かん》と、彼《かれ》を支えてくれる人たちへの感謝の心をあらわしているのだと思います。

どんどん不思議《ふしぎ》です。
内臓《ないぞう》は見えない場所だからこそ
考えてあげたい。

滝沢《たきざわ》カレン
1992〜
ファッションモデル、タレント、女優《じょゆう》

意表を突《つ》いた不思議《ふしぎ》な日本語で周囲の人たちを笑いの渦《うず》に巻《ま》き込《こ》む滝沢《たきざわ》カレンさん。テレビのバラエティ番組にも引っ張りだこで、その日本語には言葉の意味や理屈《りくつ》を超《こ》えた禅問答《ぜんもんどう》のような常識にしばられない自由さがあります。

小学生の時、彼女《かのじょ》は『ダース・ベイダー』というあだ名がつけられていたそうですが、あるテレビ番組でそのことを聞かれた時に「ダース・ベイダーっていう外国の生き物がいるんですけど…」と説明したそうです。ダース・ベイダーに限らず、哲学《てつがく》には実際に頭で考えたり想像したものは実在するという考え方があって、彼女《かのじょ》はそれを知っていたのかもしれません。

専門家《せんもんか》や学者たちも彼女《かのじょ》の意表を突《つ》く質問が来ると楽しそうに答えます。カレンさんは誰《だれ》も傷つけずに笑いを誘《さそ》う言葉の使い手なのです。

内臓《ないぞう》にもどこにも生物の体内には共生微生物《びせいぶつ》が棲《す》みついていて、その細胞《さいぼう》は110兆個と人間の10倍もあると言われます。この微生物《びせいぶつ》の活動によって生命が維持《いじ》されています。ウイルスをガードする免疫《めんえき》もつくっていて、生きるためには微生物《びせいぶつ》を大切にしなければいけません。それを彼女《かのじょ》はちゃんと知っているのです。

＊禅問答《ぜんもんどう》とは、禅宗《ぜんしゅう》の僧《そう》が悟《さと》りをひらくためにおこなう問答で、理屈《りくつ》や言葉の意味を超《こ》えた直観（ひらめき）が重要視《じゅうようし》されます。

限界と思った時、
そこからがスタート。

イモトアヤコ
1986〜
タレント

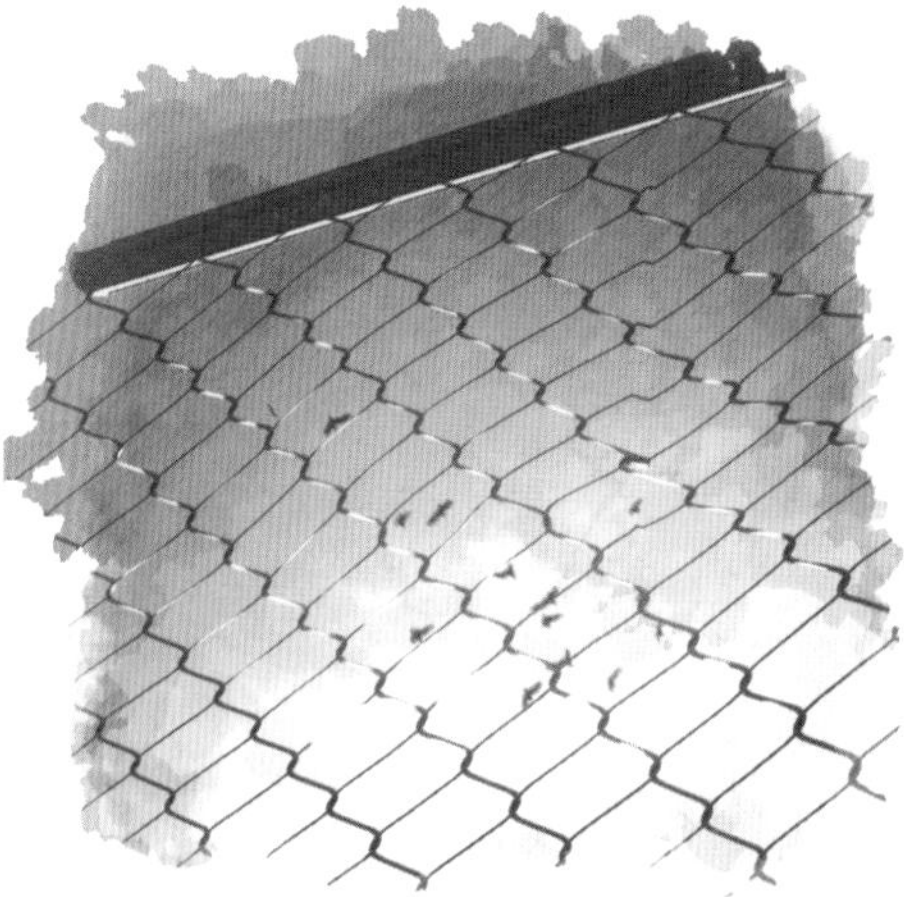

ある一人の若者《わかもの》がはじめての山登りに挑戦《ちょうせん》しました。標高2千メートルを超《こ》えると空気が薄《うす》くなり雨も降《ふ》り出して体力は限界に近づいていました。山頂《さんちょう》は雲に隠《かく》れて見えません。あと10メートル、もう5メートルと頑張《がんば》りましたが、ついに〝限界〟が来て下山しようと思った時に、雨がやんで頂上《ちょうじょう》が姿《すがた》をあらわしました。

そして陽が射《さ》すと、〝限界〟を忘《わす》れて一気に山頂《さんちょう》まで登り切ったそうです。〝限界〟を決めるのは自分です。でも「そこからがスタート」と決めるのも自分です。

『珍獣《ちんじゅう》ハンター』で知られるイモトアヤコさんは、チャレンジ精神のかたまりのような人で、常にターゲット（目標）に向かって突進《とっしん》します。しかもハンター（狩《かり》人《うど》）だから命がけです。彼女《かのじょ》は俊足《しゅんそく》でも知られ、テレビ番組でちょっと危険《きけん》な動物と「どっちが早いか？」競争させられたことがありましたが、見事勝利しました。

世界をめぐる彼女《かのじょ》のレギュラーテレビ番組で118か国を制覇《せいは》した時には「これで卒業」と報道されました。しかし「世界196か国制覇《せいは》が私《わたし》の目標です」と言って〝卒業〟を否定《ひてい》しました。彼女《かのじょ》の辞書には〝限界〟や〝卒業〟という文字がないのかもしれません。

私《わたし》の場合、
〝怒《いか》り〟をかなり健康的に
使っています。

のん

1993〜
女優《じょゆう》、歌手、創作《そうさく》あーちすと

〝怒《いか》り〟には、内向きと外向きの二つがあります。内向きは自分自身に対して、外向きは他者に対するもので、人間の感情の中でもコントロールするのがとても難《むず》かしいものの一つです。

少し前から、この外向きの怒《いか》りがウイルスの脅威《きょうい》以上に猛威《もうい》をふるっていますね。『創作《そうさく》あーちすと』としても活躍《かつやく》している女優《じょゆう》の「のん」さんは、活動の原動力としてこの〝怒《いか》り〟を自分に向けて、健康的に上手《じょうず》に使っています。

創作《そうさく》に欠かせないのがインスピレーション（ひらめき）。自分の心や感情と真剣《しんけん》に向き合わなければ生み出されません。生み出すためにはエネルギーが必要です。「のん」さんの場合は、「いちばんエネルギーに変えやすい感情が怒《いか》り」だそうで、〝おなかがすいた〟と同じように、〝怒《いか》り〟の感情をエネルギーに変えて創作《そうさく》活動をおこなっていると言います。本当に内向きで健康的な使い方ですね。

彼女《かのじょ》はある人から「コロナも怖《こわ》いけど、ココロナ（心のコロナ）にも用心しなきゃ」と言われて〝はッ〟としたそうです。そして、実際のウイルスとともに、自分の〝ココロナ〟にも気をつけて乗り切ろう！とみなさんに呼《よ》びかけています。

言葉を〝押《お》し出す〟のではなく、
〝置く〟ように
使いたいと思っています。

糸《いと》井《い》重《しげ》里《さと》
1948〜
コピーライター、エッセイスト

『不思議《ふしぎ》、大好き』『おいしい生活』という広告のキャッチコピーがありました。お爺《じい》さんやお婆《ばあ》さんは知っているかもしれません。こんな言葉をいっぱいつくって広告界のスーパースターと言われた糸井重里《いといしげさと》さんは、今、本当においしい生活って何だろう？　みたいなことをみなさんといっしょに考えるために、自分が主宰《しゅさい》する『ほぼ日刊イトイ新聞』を通してメッセージを発信しています。

彼《かれ》は、新型コロナウイルスで人々が不安や恐怖《きょうふ》におびえるのは当然だけど、それで頭の中がいっぱいになるのは決していいことではないと言っています。

少し前に、彼《かれ》はある格闘技《かくとうぎ》の先生から、人間は〝感謝《かんしゃ》する気持ち〟と〝恐怖《きょうふ》〟をいっしょには感じられないということを教わりました。だから〝感謝《かんしゃ》する気持ち〟を強くすれば〝恐怖心《きょうふしん》〟がやわらぐのでは？と考えてそう言ったのです。

言葉は不完全なもので、使い方を間違《まちが》うと人を傷《きず》つける凶器《きょうき》にもなります。言葉を〝押《お》し出す〟は、力でごり押《お》しするみたいですが、〝置く〟なら優《やさ》しい感じで誰《だれ》も傷《きず》つけません。コピーライターとして脚光《きゃっこう》を浴び続けた彼《かれ》は、今、その光を感謝《かんしゃ》に代えて社会の灯《あか》りをともそうとしているのかもしれません。

生きることは辛《つら》いことの連続。
鈍感《どんかん》で幸福であるくらいだったら、
敏感《びんかん》で不幸でいたい。

マツコ・デラックス
1972〜
タレント、エッセイスト

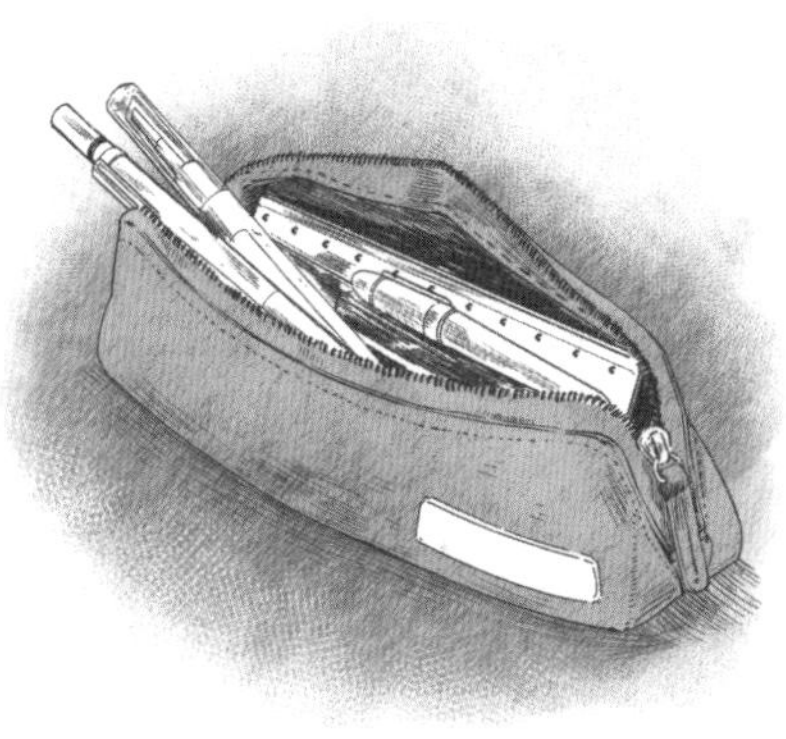

思ったことをズバッと言って周囲のゆるんだ空気を引き締《し》めるマツコ・デラックスさん。たまに、それって言い過ぎじゃない？　と思うこともありますが、的を外さない反射《はんしゃ》神経《しんけい》（頭の回転スピード）の速さには定評があります。

20代の時に雑誌《ざっし》記者や編集者として活躍《かつやく》していた彼《かれ》は、20代の後半に仕事を辞《や》めてひきこもり生活を送りました。デリケート（繊細《せんさい》）な人なんですね。それがあるテレビ番組に出演したのをきっかけに「マツコ・デラックス」という芸名で心機一転、〝女装《じょそう》〟タレント兼《けん》エッセイストとして活動を開始したそうです。

ひきこもり生活の苦しい時期にいろいろなことを考えたのだと思います。真の〝闇《やみ》〟を見た者には、その辺の〝闇《やみ》〟はただの暗がりでしかないと言った人がいますが、マツコさんは〝闇《やみ》〟の底までのぞいたのかもしれません。

一度でもそのような体験をしたら、もう怖《こわ》いものなしです。そして、命の大切さに気づき、人を気づかうようになります。少し前に〝鈍感力《どんかんりょく》〟という言葉が流行語になりましたが、あれは敏感《びんかん》すぎて生きにくくなった人を応援《おうえん》する言葉で、敏感力《びんかんりょく》を少しゆるめたほうが生きやすいですよ、ということだったのです。

相手選手への応援《おうえん》も
自分の応援《おうえん》に聞こえますし、
会場の雰囲気《ふんいき》が
アウェーであればあるほど
燃えます。

伊藤美誠《いとうみま》
2000〜
女子卓球《たっきゅう》選手

新型コロナウイルスの影響《えいきょう》でオリンピック延期《えんき》をはじめさまざまな国際大会が中止になる中、これをまたとないチャンスと捉《とら》える選手たちがいます。

女子卓球《たっきゅう》の伊藤美誠《いとうみま》さんもその一人。２０１９年の秋に約１か月間、大会に出場せず練習に専念《せんねん》したことがありましたが、これが大きな飛躍《ひやく》となって２０２０年開催《かいさい》予定だった東京オリンピックでの初のシングルス切符《きっぷ》を手にしました。「すごく充実《じゅうじつ》した時間でした」と、この期間を振《ふ》り返って彼女《かのじょ》は語っています。

２０１６年のリオデジャネイロ・オリンピックで卓球《たっきゅう》競技史上《しじょう》最年少の15歳《さい》でメダリストとなった伊藤《いとう》さんは、「誰《だれ》が相手でも強気で攻《せ》める」が身上（持ち味）。その〝強気〟は、相手選手への応援《おうえん》も、アウェー（自分に不利）の雰囲気《ふんいき》もぜんぶ自分のエネルギーに変えてしまうほどです。

どんな場面でもどんな相手でも「強気＝ポジティブ思考」で臨《のぞ》むことで自分のポテンシャル（潜在能力《せんざいのうりょく》）をフルに発揮《はっき》出来、怖《こわ》いものがなくなるのでしょうね。世界中を転戦する選手たちに久しぶりにおとずれたオフシーズン。充実《じゅうじつ》した練習期間を経て、さらに〝強気〟に磨《みが》きがかかった彼女《かのじょ》を見るのが楽しみです。

パンデミック(感染爆発《かんせんばくはつ》)の中で
仲間を救おうとしたら、
国際的な協力を選ぶほかに道はない。

ユヴァル・ノア・ハラリ

1976〜
イスラエルの歴史学者、作家、
ヘブライ大学歴史学部終身雇用《こよう》教授

世界的なベストセラーとなった『サピエンス全史』の著者《ちょしゃ》ユヴァル・ノア・ハラリさんは、今、世界中に「協力」と「連帯」を呼《よ》びかけています。「この危機《きき》の中、憎《にく》しみより連帯を示すのです。強欲に金儲《かねもう》けをするのではなく、寛大《かんだい》に人を助ける。ここわずかの間で世界は断絶されつつありました。断絶ではなくつながること。それが出来れば危機《きき》が乗り越《こ》えられるだけでなく、その後の世界をよりよいものにすることが出来るでしょう」と彼《かれ》は言っています。

そして、この機に乗じて独裁的《どくさいてき》な政治傾向《けいこう》を強めつつある世界の動向を心配して、「通常、民主主義は平時には崩壊《ほうかい》しません。崩壊《ほうかい》するのは緊急事態《きんきゅうじたい》の時なのです」と語りました。彼《かれ》はアメリカがＷＨＯ（世界保健機構）への資金提供《ていきょう》を停止した時に１００万ドル（約１億１千万円）を同機構に寄付したそうです。

テーマの言葉は、それを知ったイスラエルの人々から「自国よりも他国を大事にするのか」と非難《ひなん》された時のものです。パンデミック（感染爆発《かんせんばくはつ》）に国境はありません。自国のことだけ考えていてはそれこそ世界全体が崩壊《ほうかい》しかねません。協力と連帯がそれを防ぐ最善《さいぜん》の策《さく》だと彼《かれ》は言っているのです。

今、私たちに必要なのは、
人間にとって大切なのは何かということを
じっくり考えることです。

山際《やまぎわ》寿一《じゅいち》

1952〜
霊長類《れいちょうるい》学者、人類学者、京都大学総長、日本学術会議会長

『猿《さる》の惑星《わくせい》』という映画《えいが》があります。感染症《かんせんしょう》の新薬開発のために飼われていた実験用のチンパンジーがある時変異《へんい》して人間の言葉をしゃべれるようになります。逆《ぎゃく》に人類はウイルスの感染《かんせん》で絶滅寸前《ぜつめつすんぜん》となり、わずかに生き残った人々は知能が発達したチンパンジーに支配されるというストーリーです。

ゴリラ研究で世界的に知られる霊長類《れいちょうるい》学者の山際寿一《やまぎわじゅいち》さんは、新型コロナウイルスがまん延《えん》した時に、真っ先に頭に浮《う》かんだのがこの映画《えいが》だったそうです。

アフリカでは、エボラ出血熱という致死性《ちしせい》の高いウイルスによる感染《かんせん》が起きて多数のゴリラやチンパンジーが犠牲《ぎせい》になりました。でも、ある地域《ちいき》では全滅《ぜんめつ》しても、川を挟《はさ》んだ地域《ちいき》の類人猿《るいじんえん》たちは影響《えいきょう》を受けずに生存《せいぞん》していたそうです。

ゴリラは集団をつくるために感染症《かんせんしょう》に弱く、感染地域《かんせんちいき》で唯一《ゆいいつ》生き残ったのは一人暮《ぐ》らしのゴリラでした。〝3密《みつ》〟を避《さ》けることがいかに大切かがわかります。

ゴリラも私《わたし》たちと同じ霊長類《れいちょうるい》の仲間です。またウイルスも生態系《せいたいけい》の一部で、山際《やまぎわ》さんは地球全体を通した生態系《せいたいけい》のバランスを考えて、共存《きょうぞん》や共生、さらに生き延《の》びるためには何が必要なのかをじっくり考える必要があると言っています。

戦争だけでなく疫病《えきびょう》や温暖化《おんだんか》、
人種差別があれば
完全なオリンピックは出来ない。

為末《ためすえ》大《だい》

1978～
元陸上選手、コメンテーター、
Deportare Partners代表

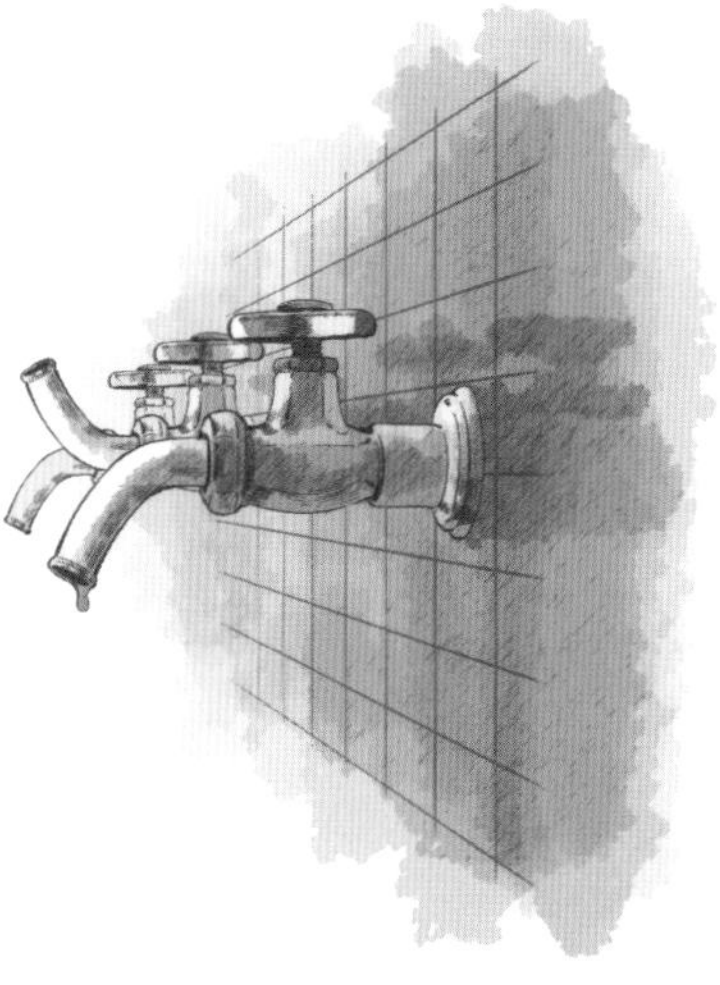

2020年の東京オリンピックが新型コロナウイルスの影響《えいきょう》で延期《えんき》となり、出場が決定してトレーニングに励《はげ》んでいた選手や、観戦を楽しみにしていたたくさんの人たちをがっかりさせました。延期《えんき》はオリンピック競技がはじまって以来、はじめてのことだったそうです。

テレビなどでコメンテーターを務《つと》める為末大《ためすえだい》さんは、もと陸上選手で、陸上男子400メートル障害《しょうがい》で世界選手権《せんしゅけん》2度の銅メダルに輝《かがや》き、オリンピックも3大会に出場して活躍《かつやく》しました。オリンピックは、『平和の祭典』と言われて人種や国の垣根《かきね》を越《こ》えた理想の世界を築くのが目標。でも、世界の現実は逆《ぎゃく》の方向に行ってますよね。まさに〝逆走《ぎゃくそう》〟で、コロナウイルスは世界に災《わざわ》いをもたらしましたが、さまざまな面で人間社会の矛盾《むじゅん》や不平等をあらわにしました。

為末《ためすえ》さんは、この機にオリンピックの意義をもう一度考え直す必要があると言っています。「平和って何だろう?」「今のままではオリンピックの理想は遠ざかるばかり…」。そんな危機感から、彼《かれ》は、「完全なオリンピック」を実現するためにはお互《たが》いを気づかう〝寛容《かんよう》な心〟と、〝謙虚《けんきょ》な心〟が必要だと語りました。

ひとつのデータが
国民10万人の命に関わる。
その覚悟《かくご》でやれ！

西浦博《にしうらひろし》
1977〜
医学者、北海道大学大学院教授

数理モデルを使って新型コロナウイルスの封《ふう》じ込《こ》め作戦を進めている医学者の西浦博《にしうらひろし》さんは〝8割《わり》おじさん〟と言われているそうです。

少し前に「人と人との接触《せっしょく》を8割削減《わりさくげん》」と言われましたが、あの数字は西浦《にしうら》さんの数理モデル計算によるもので、そこから〝8割《わり》おじさん〟と呼《よ》ばれるようになりました。数理モデルってなんでしょう? 天気予報や株価《かぶか》の変動などでも用いられていますが、感染症《かんせんしょう》の場合はウイルスの性質(潜伏《せんぷく》期間など)と感染者《かんせんしゃ》の行動や推移《すいい》データなどから数学的な計算をおこなって将来《しょうらい》を予測します。言って見れば感染症《かんせんしょう》の拡大《かくだい》を食い止めるための〝方程式〟のようなものなんですね。

テーマの言葉は、西浦《にしうら》さんがアメリカに渡《わた》って数理モデルを学んでいた時に先生から言われたものです。人の命を救うには自分も命がけでやれ、ということで、彼《かれ》はこの言葉で医学者としての自分の使命の重さに気づかされたと言います。

医療《いりょう》に携《たずさ》わる人たちはみんな同じような決意と覚悟《かくご》で感染《かんせん》した人の治療《ちりょう》や看護《かんご》にあたっています。そのような人たちに対しては、敬意《けいい》をもって感謝《かんしゃ》のメッセージやエールを送るように心掛《が》けましょう。

「夢の卵《たまご》」を常に三つか四つ、
自分の中で温めておく。
そしてチャンスが訪《おとず》れた時に
それをつかむ準備をしておく。

小《こ》柴《しば》昌《まさ》俊《とし》

1926〜
物理学者、天文学者、2002年ノーベル物理学賞、
2003年勲一等《くんいっとう》旭日大授章《きょくじつだいじゅしょう》、2005年東京大学特別栄誉《えいよ》教授終身《きょうじゅ》称号《しょうごう》

「ニュートリノ」って聞いたことがありますか。理科好きな人なら「カミオカンデ」も知っていると思います。今は「スーパーカミオカンデ」と呼《よ》ばれますが、宇宙《うちゅう》から降《ふ》り注ぐ不思議《ふしぎ》な物質「ニュートリノ」を捕《つか》まえるために岐阜県・神岡鉱山の地下深くにつくられた巨大《きょだい》な観測装置《そうち》です。

設計したのは小柴昌俊《こしばまさとし》博士。ここで「ニュートリノ」を世界ではじめて観測して、2002年にノーベル物理学賞を受賞しました。

「ニュートリノ」は、1秒間にみなさんの身体の中を100兆個も通り抜《ぬ》けていると言われる物質（素粒子《そりゅうし》）。超新星爆発《ちょうしんせいばくはつ》（巨大《きょだい》な恒星《こうせい》の爆発《ばくはつ》）によって放出されると予測されていましたが、幽霊《ゆうれい》みたいな物質で観測出来ずにいました。

誰《だれ》が最初に観測するか、世界中で観測装置《そうち》の建設が進められ巨額《きょがく》の予算が投じられました。博士は悩《なや》み考え抜《ぬ》きます。いかに限られた少ない予算で、より早く正確な観測ができるか？天（運）も味方しました。装置《そうち》の運用が開始された翌月《よくげつ》に超新星爆発《ちょうしんせいばくはつ》による「ニュートリノ」が地球にやってきて、見事〝最初の観測者〟になったのです。温めていた〝夢の卵《たまご》〟のうちの一つがふ化した瞬間《しゅんかん》でした。

研究者は、
タフで、しなやかで
なければいけない。

梶田《かじた》隆章《たかあき》

1959〜
物理学者、天文学者、東京大学宇宙《うちゅう》線研究所長・教授、
2015年ノーベル物理学賞、2015年文化勲章《くんしょう》・文化功労者

小柴《こしば》博士が「ニュートリノ」を観測して以来、日本の宇宙《うちゅう》研究が加速します。それまで「ニュートリノ」に質量（重さ）があるかどうか謎《なぞ》でしたが、わずかに質量があることを、小柴《こしば》博士のお弟子さんだった梶田隆章《かじたたかあき》博士が「スーパーカミオカンデ」での実験により発見、2015年にノーベル物理学賞を受賞しました。

この発見は、それまでの宇宙理論《うちゅうりろん》を大きく変える歴史的な業績とも言われます。これだけ科学が発達しても、人類は、まだ宇宙《うちゅう》の全質量のわずか5パーセントしかわかっていません。ほかの95パーセントは「ダークマター（約27パーセント）」や「ダークエネルギー（約68パーセント）」が占《し》めていると言われています。

仮説などの理論《りろん》は頭の中の想像力で組み立てられますが、その理論《りろん》が正しいかを検証する必要があります。小柴《こしば》博士や梶田《かじた》博士のような実験物理学者の出番です。そして実験物理学者もタフでしなやかな想像力と精神力が求められます。

「タフ」は強く不屈《ふくつ》な精神で、「しなやか」は柳《やなぎ》の木の枝のように柔軟《じゅうなん》で折《お》れない心。研究者にならなくてもこれがあったら向かうところ敵なしです。どんな苦難《くなん》や壁《かべ》も乗り越《こ》えることが出来そうですね。

世の中は決して行きづまらない。
もし行きづまったとしたら、
熱（熱意）と誠《まこと》（誠意《せいい》）が
ないからである。

北里柴三郎《きたざとしばさぶろう》

1853〜1931
医学者、細菌《さいきん》学者、日本医師会創立《そうりつ》者兼《けん》初代会長、
1931年勲一等旭日大授章《くんいっとうきょくじつだいじゅしょう》

２０２４年（予定）から紙幣《しへい》の顔が変わること、知っていましたか？　一万円札は渋沢栄一《しぶさわえいいち》さん、五千円札は津田梅子《つだうめこ》さん、そして千円札の顔に採用されたのが『日本細菌学《さいきん》の父』と言われた北里柴三郎《きたざとしばさぶろう》さんです。

破傷風《はしょうふう》の治療《ちりょう》薬開発をはじめ、狂犬病《きょうけんびょう》やインフルエンザなどの血清開発に貢献《こうけん》したりして、第１回のノーベル医学・生理学賞の最終候補《こうほ》15人の一人に選ばれました。６００年ほど前に〝黒死病〟という恐《おそ》ろしい病気がまん延《えん》し、ヨーロッパ人口の約３分の１の人が犠牲《ぎせい》になったと言われる大惨事《さんじ》がありましたが、その原因菌《きん》であるペスト菌《きん》を発見したのも北里《きたざと》さんなんですよ。

お母さんがとても厳格《げんかく》な人で、教育に関しては決して甘《あま》えを許さなかったそうです。何ごとにも熱意をもってチャレンジし、人には誠意《せいい》をもって接する。そんな彼《かれ》の性格はお母さん譲《ゆず》りなのかもしれません。「世の中は決して行きづまらない」って心強い言葉ですね。彼《かれ》の言葉には「不撓不屈《ふとうふくつ》の精神を貫《つらぬ》け」というものもあります。〝不撓不屈《ふとうふくつ》〟とは、くじけないこと、屈《くっ》しないこと。そんな強い意志が細菌《さいきん》やウイルスたちに屈《くっ》せず、偉業《いぎょう》を成し遂《と》げさせたのだと思います。

現実は痛切《つうせつ》である。
あらゆる甘《あま》さが排斥《はいせき》（排除《はいじょ》）される。
現実は予想出来ぬ
豹変《ひょうへん》（急激《きゅうげき》な変化）をする。

湯《ゆ》川《かわ》秀《ひで》樹《き》
1907〜1981
理論《りろん》物理学者、1943年文化勲章《くんしょう》、1949年日本人初ノーベル賞、
1977年勲一等《くんいっとう》旭日大授章《きょくじつだいじゅしょう》

湯川秀樹《ゆかわひでき》さんは、36歳《さい》という史上最年少で文化勲章《くんしょう》を受章し、さらに日本人ではじめてノーベル賞を受賞した理論物理学者です。

ノーベル賞は、1934年に発表した原子核《げんしかく》の中に「中間子」という素粒子《そりゅうし》のあることを予測した『中間子理論《りろん》』の業績によって与《あた》えられたものでした。

中間子って何でしょうね? 原子の中の原子核《げんしかく》は、電気的にプラスの「陽子」とマイナス・プラスのどちらでもない「中性子」で構成されています。プラスの「陽子」は原子核《げんしかく》の周りを回るマイナスの「電子」と対になって引き合っていますが、電気的に中立の「中性子」どうしがどうやって結びついているか、それまでわかりませんでした。湯川《ゆかわ》博士は、この結びつける力として「中間子」というものがあるのではないかと推測《すいそく》したのです。

「中間子の発見は、まだまだ大きい宇宙《うちゅう》の中の一つの星を見つけたようなものです」と博士は言っています。その後、たくさんの科学者たちが一つひとつ新たな星を発見してきました。痛切《つうせつ》で豹変《ひょうへん》(急激《きゅうげき》な変化)する現実から目をそらさず、甘《あま》えず物事に立ち向かう強い意志が大きな業績を成し遂《と》げる原動力なのですね。

不思議《ふしぎ》だと思うこと、
これが科学の芽です。

朝永振一郎《ともながしんいちろう》

1906〜1979
物理学者、1952年文化勲章《くんしょう》、1965年ノーベル物理学賞、
1976年勲一等旭日大授章《くんいっとうきょくじつだいじゅしょう》

湯川秀樹《ゆかわひでき》博士に続いて、１９６５年に同じ物理学者の朝永振一郎《ともながしんいちろう》さんが量子力学研究での成果が認《みと》められノーベル物理学賞を受賞しました。

量子（素粒子《そりゅうし》）力学って難《むずか》しそうですね。あのアインシュタイン博士でさえもよく理解出来なかったほどで、今だに量子の全体像が解明されていません。

最近、世界各国でこの量子力学を駆使《くし》した量子コンピュータの開発競争がおこなわれていますが、まだまだ赤ちゃんくらいの性能で、最終的に量子コンピュータが完成すると演算スピードがスーパーコンピュータの1億倍から9千兆倍になるとも言われています。そんなすごくて不思議《ふしぎ》な世界に朝永《ともなが》博士は50年以上も前に挑《いど》んで大きな発見をし、それまで誰《だれ》も解けなかった一つの謎《なぞ》を解明したのです。

テーマの言葉に続けて「よく観察して確かめ考えること、これが科学の茎《くき》です。そうして最後に謎《なぞ》がとける、これが科学の花です」と博士は言っています。

博士はユーモア好きな人で、ノーベル賞の授賞式直前に骨折《こっせつ》して式に出席出来ませんでしたが、その時に「ノーベル賞を受賞するのも骨《ほね》が折《お》れるよ」なんて言ったそうです。そんな心のゆとりが大きな業績を後押《あとお》ししたのかもしれませんね。

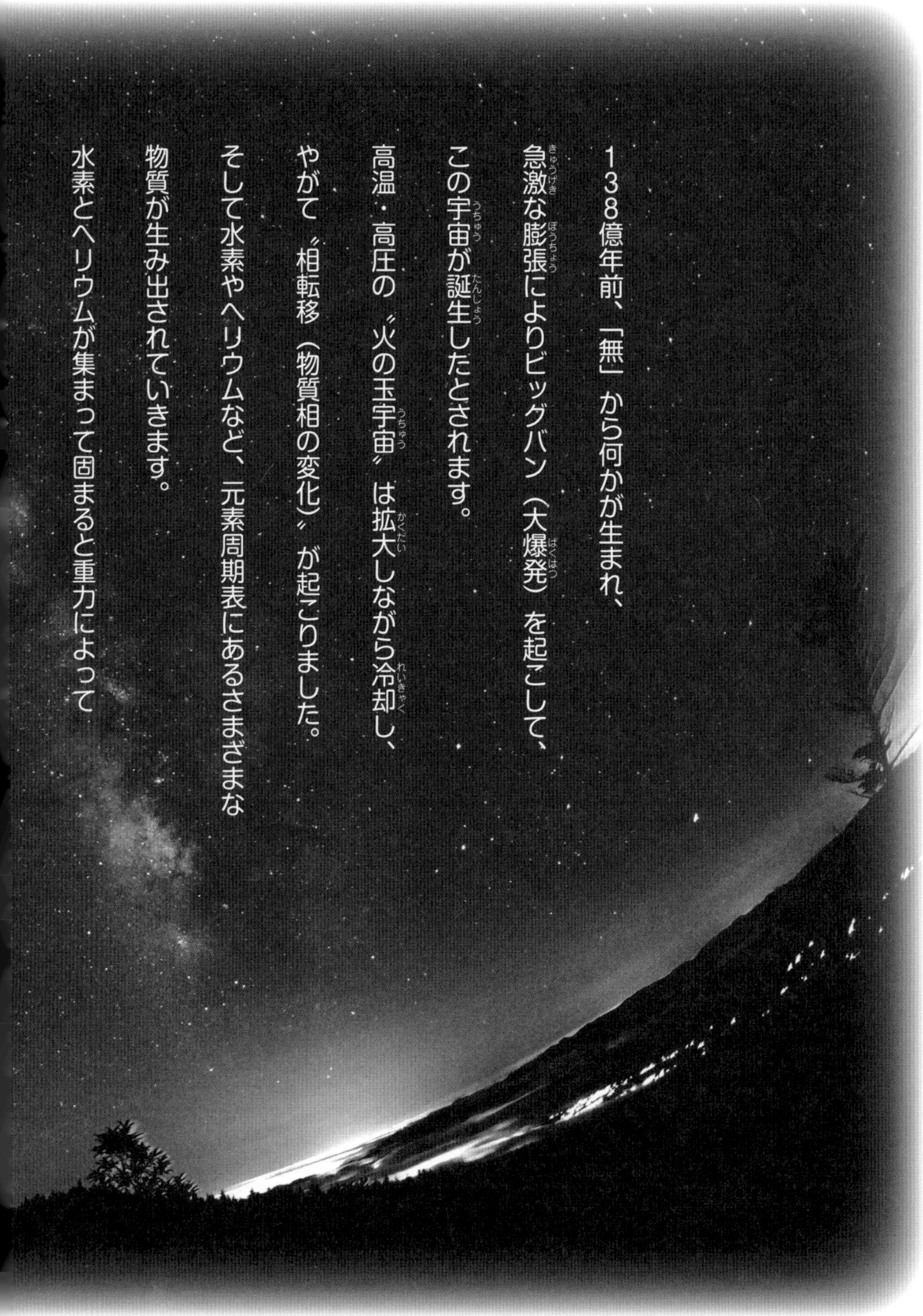

１３８億年前、「無」から何かが生まれ、
急激《きゅうげき》な膨張《ぼうちょう》によりビッグバン（大爆発《ばくはつ》）を起こして、
この宇宙《うちゅう》が誕生《たんじょう》したとされます。
高温・高圧の〝火の玉宇宙《うちゅう》〟は拡大《かくだい》しながら冷却《れいきゃく》し、
やがて〝相転移（物質相の変化）〟が起こりました。
そして水素やヘリウムなど、元素周期表にあるさまざまな
物質が生み出されていきます。
水素とヘリウムが集まって固まると重力によって

巨《きょ》大化《だいか》して恒星《こうせい》が誕生《たんじょう》します。
そのような恒星《こうせい》たちがそれぞれの重力で
引き合うことで銀河となり、
銀河どうしの重力で集合、離散《りさん》をくり返して
銀河団、さらに銀河団が集まって
超《ちょう》銀河団が形成されました。
恒星《こうせい》は、太陽《たいよう》のように周りにいくつかの惑星《わくせい》を生み出します。
その中の一つが私《わたし》たち人類の暮《く》らす地球です。

自分では語らない。
理論《りろん》に語らせる。

南《なん》部《ぶ》陽《よう》一《いち》郎《ろう》

1921〜2015
アメリカ国籍《こくせき》の理論《りろん》物理学者、1978年文化勲章《くんしょう》、
2008年ノーベル物理学賞

２００８年のノーベル物理学賞は、日本人理論《りろん》物理学者の南部陽一郎《なんぶよういちろう》さん、小林誠《こばやしまこと》さん、益川敏英《ますかわとしひで》さんの３人に授与《じゅよ》されました。南部《なんぶ》博士は『素粒子《そりゅうし》物理学における自発的対称性《たいしょうせい》の破れのメカニズム』を発見したことで。小林《こばやし》博士と益川《ますかわ》博士は、『ＣＰ対称性《たいしょうせい》の破れ』を説明する『小林《こばやし》・益川理論《ますかわりろん》』が認《みと》められたことによっての受賞でした。

どちらも「対称性《たいしょうせい》の破れ」ですね。宇宙《うちゅう》が誕生《たんじょう》した時、生まれた物質（粒子《りゅうし》と反粒子《はんりゅうし》）が〝対称《たいしょう》（同数）〟だったらプラス・マイナスゼロで何も存在《そんざい》しなくなりますが、ほんの少し対称性《たいしょうせい》が欠けるとゼロではなくなってどちらかが生き残ります。『ＣＰ対称性《たいしょうせい》の破れ』は、この粒子《りゅうし》の方が生き延《の》びて今の宇宙《うちゅう》になったことを説明するもので、「破れ」のしくみを発見したのが南部《なんぶ》博士です。こんな難《むずか》しいことを頭で考えて理論化《りろんか》するのが『理論《りろん》物理学者』なんです。

南部《なんぶ》博士は日本からアメリカに研究の拠点《きょてん》を移して英語も日本語も話せますが、あるインタビューで「考える時は何語で考えますか？」と聞かれ、「数式です」と答えたそうです。そして「自分では語らない。理論《りろん》に語らせる」と言いました。

ニュートンが木から落ちるリンゴを見て、
なぜ落ちるのかわかったら人工衛星を飛ばせる！
と思ったわけじゃない。

村《むら》山《やま》斉《ひとし》
1964〜
物理学者（素《そ》粒《りゅう》子《し》理《り》論《ろん》）、
東京大学カブリ数物連携《れんけい》宇宙《うちゅう》研究機構初代機構長

小柴《こしば》博士や梶田《かじた》博士は、理論《りろん》を実験して検証する実験物理学者ですが、その理論《りろん》を考える理論《りろん》物理学者として、今、世界中から注目されているのが村山斉《むらやまひとし》さんです。たまにテレビでも見かける人で、難《むずか》しい宇宙《うちゅう》の物理理論《りろん》や不可思議《ふかしぎ》な素粒子《そりゅうし》の問題などをわかりやすく解説してくれます。

「宇宙《うちゅう》はどうして生まれたのだろう？ 空間や時間って何？ 重力波‥？」。いっぱい〝？〟がありますね。そんなまだ解けないたくさんの宇宙《うちゅう》の謎《なぞ》に挑戦《ちょうせん》するのが宇宙《うちゅう》物理学者で、彼《かれ》は「ニュートリノ」から「ダークマター」、さらに「ダークエネルギー」など、ダーク（正体不明）なものを「超対称性《ちょうたいしょうせい》」というキーワード（カギとなる言葉）を懐中電灯《かいちゅうでんとう》にして明るく照らし出そうと奮闘《ふんとう》しています。

「対称性《たいしょうせい》の破れ」「超対称性《ちょうたいしょうせい》」。なんかみな「対称《たいしょう》」がつきますね。「超対称性《ちょうたいしょうせい》」は、すでにわかっている物質（素粒子《そりゅうし》）をもう少し研究すれば、それぞれの物質に対応した「超対称性《ちょうたいしょうせい》」の粒子《りゅうし》が存在《そんざい》するのでは？という仮説で、「ダークマター」もその候補《こうほ》の一つなんです。今は〝ニュートンのリンゴ〟のような理論《りろん》や仮説でも、やがて実を結んで〝光速宇宙《うちゅう》船〟を飛ばせるようになるかもしれませんよ。

※〝ニュートンのリンゴ〟とはアイザック・ニュートンが発見した『万有引力の法則』のことです。

「お互《たが》いさま」、「お世話さま」という視線《しせん》。
博愛《はくあい》と敬意《けいい》など
「心ある壁《かべ》」を構築し、
維持《いじ》することが大切です。

望月《もちづき》新一《しんいち》
1969〜
数学者、京都大学数理解析《かいせき》研究所教授

数学には『フェルマーの最終定理』『ポアンカレ予想』『ABC予想』『リーマン予想』などの難問《なんもん》があります。

『フェルマーの最終定理』と『ポアンカレ予想』は証明されて解決しましたが、まだ証明されず数学者たちを悩《なや》ませている難問《なんもん》がいくつかあります。2020年、ようやくその中の一つ、超難問《ちょうなんもん》と言われていた『ABC予想』が日本人数学者の望月新一《もちづきしんいち》さんによって証明され、世界中の数学者たちを驚《おどろ》かせました。

証明論文《ろんぶん》は2012年に発表されましたが、論文《ろんぶん》の内容が難解《なんかい》で誰《だれ》も理解できず、正しいと認められるまでに7年半もかかりました。独創的《どくそうてき》な彼《かれ》の理論《りろん》は「未来からやってきた理論《りろん》」とも言われ、理解するには壁《かべ》が高すぎて数学のこれまでの概念《がいねん》（考え）を根本から変えなければならないほどでした。

望月《もちづき》さんは日常生活でもすべて数学的に考えて行動します。今、世界中で分断の「壁《かべ》」がつくられていますが、彼《かれ》は自分の苦手《にがて》なことを「壁《かべ》」にたとえてさまざまな数学的考察をおこない、〝心ある壁《かべ》〟という問題の解決法を導き出しました。

さて、テーマの望月《もちづき》さんの言葉を数学的かつ独創的《どくそうてき》に証明出来る人はいるかな？

お互《たが》いを支え合うということが、
昔から日本人にはありました。

ロバート・キャンベル

1957〜
アメリカ出身の日本文学者、
東京大学名誉《めいよ》教授、国文学研究資料館館長

1918年に『スペインかぜ』というインフルエンザ・ウイルスによるパンデミック（感染爆発《かんせんばくはつ》）が起こり、日本人にも多くの犠牲《ぎせい》者が出ました。医療《いりょう》レベルが今より低く、的確な情報が行き渡《わた》らなかった時代でしたが、お金持ちは生活に困《こま》っている人々を援助《えんじょ》し、婦人団体やたくさんの学生たちがマスクづくりをして助け合ったという記録が残っています。

疫病《えきびょう》は大地震《じしん》や火山噴火《ふんか》などの自然災害《さいがい》と同じように何度もくり返し起こっています。江戸・明治時代の文学を研究しているロバート・キャンベルさんは「江戸時代以前からずっと、疫病《えきびょう》とともに日本の文化や社会が歩んできた長い歴史があり、200年前、500年前の人々がどういうふうに向き合って社会を元気にさせたか、その知恵が古典の中にはいっぱいあります」と語っています。

彼《かれ》はアメリカの大学で東アジアの言語文化を学び、日本文化のすばらしさに感動して来日、以来日本を拠点《きょてん》に研究を続けてきました。そして、今、館長を務《つと》める『国文学研究資料館』に所蔵《しょぞう》されている〝助け合って感染症《かんせんしょう》に立ち向かう人々〟を描《えが》いたさまざまな書物を紹介《しょうかい》するメッセージを私《わたし》たちに送ってくれています。

ついに太陽が見えました。
赤々と燃えています。
地吹雪《じふぶき》の向こうに太陽が。

角幡唯介《かくはたゆうすけ》
1976〜
冒険家《ぼうけんか》、作家

“極夜《きょくや》”って知ってましたか? “白夜”なら知ってますよね。北極圏《ほっきょくけん》や南極《なんきょく》では、地球の自転にわずかな傾《かたむ》きがあるために一日中陽が沈《しず》まないという事象が起こりますが、反対に陽が昇《のぼ》らないという時期もあって、これが“極夜《きょくや》”です。冒険《ぼうけん》家の角幡《かくはた》唯介《ゆうすけ》さんは、この“極夜《きょくや》”の時期に北極圏《ほっきょくけん》の単独《たんどく》行《こう》に挑戦《ちょうせん》しました。お供《とも》は一匹《ぴき》の犬。桃太郎《ももたろう》の鬼退治《おにたいじ》みたいですね。そして犬といっしょに太陽のない暗闇《くらやみ》の中をGPSも持たずにソリを引きながら80日間も旅を続けました。

気温はマイナス40度になることも。事前に食料を保管しておいた場所がシロクマに荒《あ》らされて食べるものがなくなったり、ブリザード(吹雪《ふぶき》)が吹《ふ》き荒《あ》れて方向感覚を失ったり、旅はアクシデントの連続でした。でもアクシデントは旅や冒険《ぼうけん》にはつきものです。困難《こんなん》が人を強くすると言われますが、そのハードルが高ければ高いほど克服《こくふく》した時の喜びも倍返しとなって充足感《じゅうそくかん》に満たされます。

「ついに太陽が見えた!」。これは、長かった極夜《きょくや》に太陽が射《さ》しこんだ時に彼《かれ》が放った言葉です。そして「すごく暖《あたた》かい、太陽が明るくて暖《あたた》かいです!」と言いながら、感きわまって泣いたそうです。じっと耐《た》えた後に陽は再び昇《のぼ》るのですね。

「命」を守るとともに
「いのち」も守る。

中《なか》島《じま》岳《たけ》志《し》
1975〜
政治学者、東京工業大学教授

作家・新田次郎《にったじろう》の小説に『八甲田山死《はっこうださん》の彷徨《ほうこう》』という作品があります。

1902年、訓練のために冬の八甲田山《はっこうださん》に行軍した210名の陸軍将兵《しょうへい》のうち200名もの将兵《しょうへい》が犠牲《ぎせい》になった遭難事故《そうなんじこ》がありましたが、それを題材にした小説です。地元の人たちは冬の八甲田山《はっこうださん》の怖《こわ》さをよく知っていて、無謀《むぼう》すぎるからやめたほうがいいと忠告《ちゅうこく》しますが聞き入れられませんでした。上層部《じょうそうぶ》の判断に疑問《ぎもん》を持った一人の将校《しょうこう》が下山を提言しても、「退却《たいきゃく》は恥《はじ》だ」「上の命令は絶対だ」みたいな空気があって従《したが》わざるを得ませんでした。

政治学者の中島岳志《なかじまたけし》さんは、この出来事と今の社会状況《じょうきょう》が似ていることから、教訓として今こそこの小説が読まれるべきだと語っています。そして、漢字の「命」とひらがなの「いのち」を使い分けてテーマの言葉を語りました。

身体としての「命」を守るのは当たり前だけど、同時に自由や尊厳《そんげん》といったものもふくめて、「命」の延長線上《えんちょうせん》にある心の「いのち」も守って欲《ほ》しいと言うのです。心の塵《ちり》やホコリを払《はら》って「いのち」の洗濯《せんたく》をするのもいいかもしれませんね。

人生は前に進むものですが、
たまに戻《もど》るのもいい。

野《の》口《ぐち》健《けん》
1973〜
登山家、環境《かんきょう》保護活動家

登山家で環境問題《かんきょう》にも積極的《せっきょくてき》に取り組んでいる野口健《のぐちけん》さんは、大学に入学するとすぐ世界の名だたる山々に挑《いど》みはじめたそうです。そして、1999年に悲願《ひがん》のエベレスト登頂《とうちょう》に成功、七大陸の最高峰登頂《さいこうほうとうちょう》を当時世界最年少で成し遂《と》げました。

彼《かれ》には『落ちこぼれてエベレスト』という著作《ちょさく》があります。〝落ちこぼれ〟と〝エベレスト〟って「最低」から「最高」へみたいなすごい落差があって面白《おもしろ》いですね。

「人生は前に進むものですが、たまに戻《もど》るのもいい。そうじゃないとどこに向かって走っているかわからなくなりますから」と野口《のぐち》さんは言っています。走った先に崖《がけ》が待ち構えているかもしれません。いったん立ち止まってみる。自分自身を振《ふ》り返って周りを見渡《みわた》してみる。回り道でも高いところに登れば遠くまで道が見晴らせます。みんなといっしょに自分も同じ方向に走ってしまったら、それこそ全員まとめて遭難《そうなん》ということにもなりかねません。

戻《もど》るというのは「後退」「退却《たいきゃく》」ですが、登山では「撤退《てったい》」と言って勇気のいる行動です。生き延《の》びるために、おだやかだった日常を取り戻《もど》すために、野口《のぐち》さんは「戻《もど》る」ことの大切さを教えてくれています。

一人の子ども、一人の教師、
一冊《さつ》の本、一本のペン、
それらが世界を変えられるのです。

マララ・ユスフザイ

1997〜
人権《じんけん》活動家、2013年国連人権《じんけん》賞・サハロフ賞、
2014年ノーベル平和賞

2012年10月、パキスタンのある町でスクールバスが武装《ぶそう》グループに襲撃《しゅうげき》され、頭部と首に2発の銃弾《じゅうだん》を受けて負傷《ふしょう》した一人の少女がいました。

武装《ぶそう》グループは、女性が教育を受けたり、外国の文化を学ぶことを嫌《きら》う人たちで、教育の権利《けんり》を訴《うった》える人々の命を狙《ねら》って襲撃《しゅうげき》をくり返していました。負傷《ふしょう》した少女の名前はマララ・ユスフザイ。当時15歳《さい》だった彼女《かのじょ》はイスラム世界初の女性首相ブットーに刺激《しげき》を受けて、女性の権利《けんり》を訴《うった》える活動を進めていました。

一命を取りとめた彼女《かのじょ》は、その後イギリスに渡ってリハビリをしながら再手術を受け、やがて奇跡的《きせきてき》な回復をとげますが、闘病《とうびょう》生活のかたわら自分の思いを世界に発信し続けました。テーマの言葉をふくめて彼女《かのじょ》のメッセージは、世界中の人々の共感と感動を呼《よ》び起こして、2013年に国連人権《じんけん》賞とサハロフ賞、2014年には史上《しじょう》最年少の17歳《さい》でノーベル平和賞を受賞しました。

母国パキスタンのシャリフ首相は「彼女《かのじょ》の功績《こうせき》は比類なく偉大《いだい》だ」と称賛《しょうさん》しました。しかし、彼女《かのじょ》は「これは終わりではなく、はじまりにすぎない」と言いました。世界の病に対する真の闘病《とうびょう》生活はこれからが本番なのかもしれません。

誰《だれ》も行かぬなら、
我《われ》々《われ》が行く。

中《なか》村《むら》哲《てつ》

1946～2019

医師、ピース・ジャパン・メディカル・サービス総院長、
アフガニスタン国家勲章《くんしょう》

今、世界各地で自分たちだけの正義をかざして紛争《ふんそう》が起きています。正義は普遍的《ふへんてき》なものでなくてはならない。また、正義はその対極《たいきょく》にある悪がないと気づかない、という考え方があります。正義って難《むずか》しいですね。

インドネシアのバリ島にはバロンという聖獣《せいじゅう》（正義の神）とランダという魔女《まじょ》がいて、島の人たちはどちらも必要なものとして大切にしています。バリ島は〝地上の楽園〟とも言われていますが、〝楽園〟や〝平和〟は聖獣《せいじゅう》と魔女《まじょ》が両方釣《つ》り合って、社会のバランスが保たれているからではないかと考える学者もいます。

悪がないと善《ぜん》はわかりません。ランダは災《わざわ》いを招《まね》きますが、バロンがそれをいさめるという構図になっているようなのです。今の世界はどうでしょう？ 災《わざわ》いを招《まね》く人は多いですが、それをいさめる人が少なすぎると思いませんか？ バランス悪いですね。医師の中村哲《なかむらてつ》さんはアフガニスタンで医療《いりょう》活動や公共施設《しせつ》の建設などを進めていました。現地の人々からは〝バロン〟のように尊敬《そんけい》されていましたが、それを正義と思わない人たちから銃撃《じゅうげき》されて2019年に亡《な》くなりました。彼《かれ》の残した言葉をしっかり噛《か》みしめたいと思います。

※「普遍的《ふへんてき》」は、すべてのものに共通して変わらないもののことです。

やせ我慢《がまん》、というものが
心の中にあった。

豪栄道豪太郎《ごうえいどうごうたろう》
1986〜
元大相撲《すもう》力士、現在は年寄「武隈《たけくま》」

〝やせ我慢《がまん》〟とは、本当は苦しいんだけど平気な顔をして耐《た》えること。元大関《おおぜき》の豪栄道《ごうえいどう》さんは引退する時に15年間の相撲《すもう》生活を振《ふ》り返って、ずっとそれが心の中にあったと語りました。

けがに苦しんだり、看板《かんばん》力士としての期待を背負《せお》いながら結果が出せずに批判《ひはん》を浴びたこともありましたが、彼《かれ》は決して人に自分の弱みを見せず〝やせ我慢《がまん》〟を貫《つらぬ》き通しました。師匠《ししょう》の境川《さかいがわ》親方（元小結の両国《りょうごく》）は「男の〝ど根性〟を誰《だれ》よりも持っている男」と彼《かれ》を評しています。

大阪・寝屋川でガキ大将《だいしょう》だった彼《かれ》は学生時代に数々のタイトルを取って自信満々で角界入りをしました。しかし待っていたのは境川《さかいがわ》部屋の厳《きび》しいしつけと稽古《けいこ》。厳格《げんかく》な師匠《ししょう》からは人の道を説かれました。境川《さかいがわ》部屋に入らなかったら自分はうぬぼれた人間になっていた、と彼《かれ》は語っています。

15年間〝やせ我慢《がまん》〟という男の意地と美学を貫《つらぬ》いた元大関《おおぜき》は、今、横綱《よこづな》を育てたいとの思いで後進の指導にあたっています。大相撲《ずもう》のテレビ中継《ちゅうけい》も、そんなことを知るとちょっと違《ちが》って見えてくるかもしれませんね。

国家は難民《なんみん》を支援《しえん》しないといけない。
フェンス（壁《かべ》）にならず、
庭師でないといけない。

アンゲラ・ドロテア・メルケル

1954〜
ドイツの政治家、物理学博士、ドイツ連邦《れんぽう》共和国首相

みなさんは自転車に乗れますか？　走って速度を上げると風を切って気持ちいいですよね。でもそのスピードが自分のパワーだと思ったりしていませんか？　機械や武器を身につけると自分が強くなった気がするものですが、その勘違《かんちが》いを権力者《けんりょくしゃ》が持ったとしたら危《あぶ》ないですね。

ヒトラーをはじめ、多くの権力者《けんりょくしゃ》たちがこの武器の正しい使い方を知りませんでした。そしてたくさんの悲劇《ひげき》や犠牲者《ぎせいしゃ》を出しました。ドイツのメルケル首相は、このことをよく知っている数少ない指導者の一人です。

それは彼女《かのじょ》が旧東ドイツ出身で物理学博士だということが大きく関係しているのかもしれません。少し前の時代に東西冷戦という世界情勢《じょうせい》があって、東ドイツに住んでいた彼女《かのじょ》は貧困《ひんこん》と独裁《どくさい》政治の恐怖《きょうふ》を身をもって体験しました。

難民《なんみん》を救いたいという彼女《かのじょ》の想いはそこから来ているのかもしれません。科学者は冷静に物事を分析《ぶんせき》して考える人です。そして指導者は人格者《じんかくしゃ》でなければなりません。「フェンス（壁《かべ》）にならず、庭師になる」。彼女《かのじょ》の言う庭師とは、国中に美しい花を咲《さ》かせてみんなが気持ち良く暮《く》らせるようにする人のことです。

夢を持つことで
一日一日が生き生きとしたものになり、
夢の数だけ喜びが増える。

前《まえ》野《の》浩《こう》太《た》郎《ろう》
1980〜
昆虫《こんちゅう》学者、
国立研究開発法人 国際農林水産業研究センター研究員

2020年、新型コロナウイルスと同じ時期に、アフリカではサバクトビバッタが大発生して大変な食料危機《きき》に見舞《みま》われるかもしれないと心配されました。

ふつうバッタは単独《たんどく》で行動しますが、密集《みっしゅう》した環境《かんきょう》で育つとやがて集団で行動するように変異《へんい》して農作物を襲《おそ》ったり危害《きがい》を加えるようになると考えられています。ヒステリーやパニックを引き起こす人間の群集心理によく似ていますね。

〝バッタ博士〟こと前野浩太郎《まえのこうたろう》さんは、子どもの頃《ころ》からバッタが大好きでバッタ研究という夢を抱《いだ》いて昆虫《こんちゅう》学者になりました。そんなバッタが食糧危機《しょくりょうきき》を招《まね》くなんて許せなかったのでしょうね。彼《かれ》は大発生するサバクトビバッタの被害《ひがい》を食い止める研究のために西アフリカに渡《わた》って悪戦苦闘《あくせんくとう》します。

西アフリカはフランス語圏《けん》ですが彼《かれ》はフランス語も話せず、日本とは真逆《まぎゃく》に近い生活習慣にとまどいながら、それでも現地の人々とのふれあいを通して夢の実現に一歩一歩近づいていきます。やがて彼《かれ》の研究は現地の人々に認《みと》められ、名誉《めいよ》ある『ウルド（～の子孫）』というミドルネームを与《あた》えられました。前野《まえの》ウルド浩太郎《こうたろう》。この名前がついて、さらに研究に拍車《はくしゃ》がかかったそうです。

人生いろいろ、
会社もいろいろ。
社員もいろいろ。

小《こ》泉《いずみ》純《じゅん》一《いち》郎《ろう》

1942〜
政治家、第87・88・89代内閣《ないかく》総理大臣

小泉純一郎《こいずみじゅんいちろう》さんは第87代から89代まで日本の総理大臣を務めました。

彼《かれ》の言動は『小泉旋風《こいずみせんぷう》』『小泉劇場《こいずみげきじょう》』などと言われ、自分も同じ党なのに「自民党をぶっつぶす」とか、ある横綱《よこづな》が怪我《けが》にもめげずに優勝《ゆうしょう》した時には、総理大臣賞の授与式《じゅよしき》で「感動した!」と言って日本中の相撲《すもう》ファンを沸《わ》かせたりしました。

何かと物議(問題)をかもす人で、数の力で勝てない相手を「抵抗勢力《ていこうせいりょく》」と呼《よ》んで国民を味方につけるなど、いい意味での「策士《さくし》(ずるがしこい人)」でもありました。テーマの〝人生いろいろ〟は、彼《かれ》が国会答弁で、当時流行っていた島倉千代子《しまくらちよこ》という歌手の唄《うた》の題名をもじって答えた時のものです。「人生はいろいろあって当たり前。会社の事情も社員の考え方もいろいろあるから面白《おもしろ》い」。そんな意味合いで彼《かれ》は言ったのだと思いますが、これには質問した人もびっくり。本当のことだから返しようがありません。

「いろいろ」は「多様」。人類はいろいろな人がいて助け合えたからこれまで生き延《の》びられてきました。〝種の多様性〟がなければ生物は絶滅《ぜつめつ》してしまうと多くの専門家《せんもんか》は考えています。彼《かれ》はそこまで考えて言ったのかもしれません。

「あれ？」や「え？ なんで？」を
大事にすることから、
科学の新発見が生まれます。

大《おお》隅《すみ》良《よし》典《のり》

1945〜
生物学者（分子細胞《さいぼう》生物学）、
東京工業大学科学技術創成《そうせい》研究院特任教授・栄誉《えいよ》教授、
2016年ノーベル生理学・医学賞、文化勲章《くんしょう》

生物が細胞《さいぼう》内でタンパク質を分解したり合成したりするメカニズム『オートファジー』を分子レベルで解明して、2016年に大隅《おおすみ》良典《よしのり》さんがノーベル生理学・医学賞を受賞しました。

生理学・医学賞は同時に複数の研究者が受賞するのが通例でしたが、大隅《おおすみ》博士はただ一人、単独《たんどく》での受賞でした。いかに独創的《どくそうてき》な研究だったのかがわかります。

『オートファジー』は、ギリシャ語の「オート（自分）と「ファジー（食べる）」の合成語。何も食べないでいると、細胞《さいぼう》は自分のたんぱく質を分解（食べる）、再利用（合成）して、また新しい細胞《さいぼう》をつくりますが、このしくみのことを言います。自分で意識しなくても、身体（細胞《さいぼう》）はオートマチックにそれを何度もくり返して生命活動を維持《いじ》している…。「へえ？ なんで？」ですよね。

博士の研究は、がんやパーキンソン病などの新しい治療薬《ちりょうやく》開発に結びつきました。科学というのはゴールがなくて、何かがわかったら必ずまた新しい疑問《ぎもん》が湧《わ》いてきます。「あれ？」や「え？」を大事にして粘《ねば》り強く一つひとつクリアしていくと、やがて思わぬ新発見に結びつくと博士は言っています。

外務省にそむいて
領事の権限《けんげん》を使って、
この人たちにビザ(通過証明書)を
発行しようと思う。

杉《すぎ》原《はら》千《ち》畝《うね》
1900〜1986
外交官

1939年、ヒトラー率いるドイツ軍がポーランドに攻《せ》め込《こ》んで第二次世界大戦の火ぶたが切られました。ヒトラーは〝プロパガンダ（政治的な宣伝《せんでん》）〟という、言葉（演説）によって民衆《みんしゅう》をあやつる術を心得ていました。多くのドイツ人はその裏《うら》に隠《かく》された真の顔を見抜《みぬ》けず、彼《かれ》を神のように思ってユダヤ人を迫害《はくがい》したり、敵対する国はすべて悪い国だと決めつけて戦争を正当化したのです。

この時、リトアニアの日本領事館にいた杉原千畝《すぎはらちうね》さんはヒトラーの真の顔を見抜《みぬ》いていました。彼《かれ》はナチスの迫害《はくがい》によってヨーロッパ各地から逃《のが》れてきたユダヤ人たちを救うために日本政府（外務省）の命令にそむいてたくさんのビザ（通過証明書）を発行しました。自分が正しいと思うことをしたのです。

アウシュビッツ（強制収容所《しゅうようじょ》）に送られたりして、ナチスの手で犠牲《ぎせい》となったユダヤ人の数は400万人以上とも言われます。杉原《すぎはら》さんは限られた時間の中で昼夜を問わずビザを発行し続け、6千人以上のユダヤ人を安全な国へと送り出しました。そのビザは〝命のビザ〟と言われ、権力《けんりょく》や暴力《ぼうりょく》、非難《ひなん》に屈《くっ》しない彼《かれ》の行動は、勇気ある気高い行為《こうい》として、今も多くの人々に尊敬《そんけい》され語り継《つ》がれています。

人間には他者への義務だけでなく、
自らの中に宿る
精神に対する義務がある。

レフ・トルストイ

1828〜1910
帝政《ていせい》ロシアの作家、思想家

19世紀のロシア文学を代表する文豪《ぶんごう》トルストイさんには「日露《にちろ》戦争（1904年）」での悲しみをつづった手記があります。

「戦争はまたもや起こった。見よ、いっぽうは一切の殺生《せっしょう》を禁じた仏教徒であり、いっぽうは世界の人々の兄弟愛を公言するキリスト教徒であるというのに…」。

彼《かれ》はその前、クリミア戦争（1853年）で将校《しょうこう》として従軍《じゅうぐん》し、激戦《げきせん》の中に身を置いて戦争の愚《おろ》かさと悲惨《ひさん》さを体験しました。のちに『戦争と平和』という長編小説を書き上げますが、これはロシアに侵攻《しんこう》したナポレオン軍（1812年）と闘《たたか》う人々の姿《すがた》を描《えが》いたもので、500人もの人物が登場する一大叙事詩《じょじし》です。

非暴力《ひぼうりょく》主義者で平和を愛する文豪《ぶんごう》にとって戦争は許しがたいものでした。世界的な名声を得ても、彼《かれ》は何より精神性（心）を大事にして簡素《かんそ》な生活を送り、当時の贅沢《ぜいたく》な貴族《きぞく》社会や政治家たちを厳《きび》しい言葉で叱《しか》りつけています。

自分を愛するように他者を愛する。そして自分の心の良心に常に水を与《あた》えて枯《か》れないようにする。それが他者と、自分の中に宿る精神への義務だと、そうトルストイさんは言っているのだと思います。

強い心、知性、勇気があれば、
運命の力をはばみ、
しばしばそれを
逆《ぎゃく》転《てん》することが可能である。

アルベール・カミュ

1913〜1960
フランスの小説家、劇作《げきさっか》家、
1957年ノーベル文学賞

「『ペスト』を克服《こくふく》する唯一《ゆいいつ》の方法は誠実《せいじつ》さだ」。最近再び注目され出した「ペスト」という小説の中で主人公のリウーがそう語っています。この小説は、史上2番目、43歳《さい》の若《わか》さでノーベル文学賞を受賞したアルベール・カミュという作家が1947年に書いた作品で、アルジェリアのある町で「ペスト」が発生、感染《かんせん》が拡大《かくだい》してから収束《しゅうそく》するまでのさまざまな人間模様《もよう》が描《えが》かれています。

彼《かれ》の作品は『不条理（不合理）の文学』と言われ、背景《はいけい》にはヨーロッパのキリスト教的な神と人間への考え方があります。でもそんな宗教《しゅうきょう》を抜《ぬ》きにして彼《かれ》の作品は世界中の多くの人に愛され読み継《つ》がれてきました。

小説『ペスト』は、当時のナチス占領《せんりょう》下のヨーロッパで実際に起こった出来事を比喩的《ひゆてき》（たとえ）に記した作品とも言われています。人々の裏切《うらぎ》りや密告《みっこく》、横行したウソやデマ（フェイク）など、その内容は今の新型コロナウイルスによる社会状況《じょうきょう》を予言しているかのようです。

「強い心と勇気があれば運命を逆転《ぎゃくてん》させることが出来る」とカミュさんは言っています。そして「涙《なみだ》が出そうになるくらいに生きろ」という言葉も残しています。

なぜ君は君の兄ではなく、
君の兄は君ではなく、
君は遠縁《とおえん》のいとこのうちの一人
ではないのか？

エルヴィン・シュレディンガー

1887〜1961
オーストリアの理論《りろん》物理学者、1933年ノーベル物理学賞

『シュレディンガーの猫《ねこ》』って聞いたことがありますか？ 猫《ねこ》の名前や種類ではなく、量子力学の研究者で『波動方程式《はどうほうていしき》』というすごい計算方法を編み出したシュレディンガーさんが考案した思考実験（頭の中の実験）の名前です。

彼《かれ》は難《むず》かしいことをわかりやすい〝たとえ話〟にする天才で、不可思議《ふかしぎ》な量子の振《ふ》る舞《ま》いを〝猫《ねこ》〟をたとえ話に使って研究者たちを〝あッ〟と驚《おどろ》かせました。

そんな天才物理学者が生物学に興味を持って「生命とは？」を研究するようになり、やがて「自分とは？」や「生きるって何？」ということを考える哲学者《てつがくしゃ》みたいになっていきます。その中で彼《かれ》は古代インドの哲学《てつがく》に出会い、今度はたとえ話を使って人間や精神（心）の思考実験をおこないました。

古代インド哲学《てつがく》の本には「すべてのものは一つ」、あるいは「一つはすべてである」みたいなことが書かれていました。すべての生き物は一つで垣根《かきね》や壁《かべ》などないと言うのです。確かにミクロ（量子）もマクロ（人間や宇宙《うちゅう》）も、もとをたどれば一つのものから生まれています。あなたも、あなたのお兄さんも、いとこの誰《だれ》かも、みんな一つ。そう考えると世界の壁《かべ》もなくなりそうです。

地球が誕生《たんじょう》したのは、今からおよそ
46億年前と言われます。そして約35億年前に
生命が生まれ、さまざまな種に枝分かれして
進化しながら霊長類《れいちょうるい》を誕生《たんじょう》させました。
約700万年前の猿人《えんじん》と見られる骨《ほね》が、アフリカ・チャドの
砂漠《さばく》地帯で発見され、これが人類の祖先とされる
最古の猿人《えんじん》ではないかと考えられています。やがて
猿人《えんじん》からホモハビリス、ホモサピエンス（人類）へと

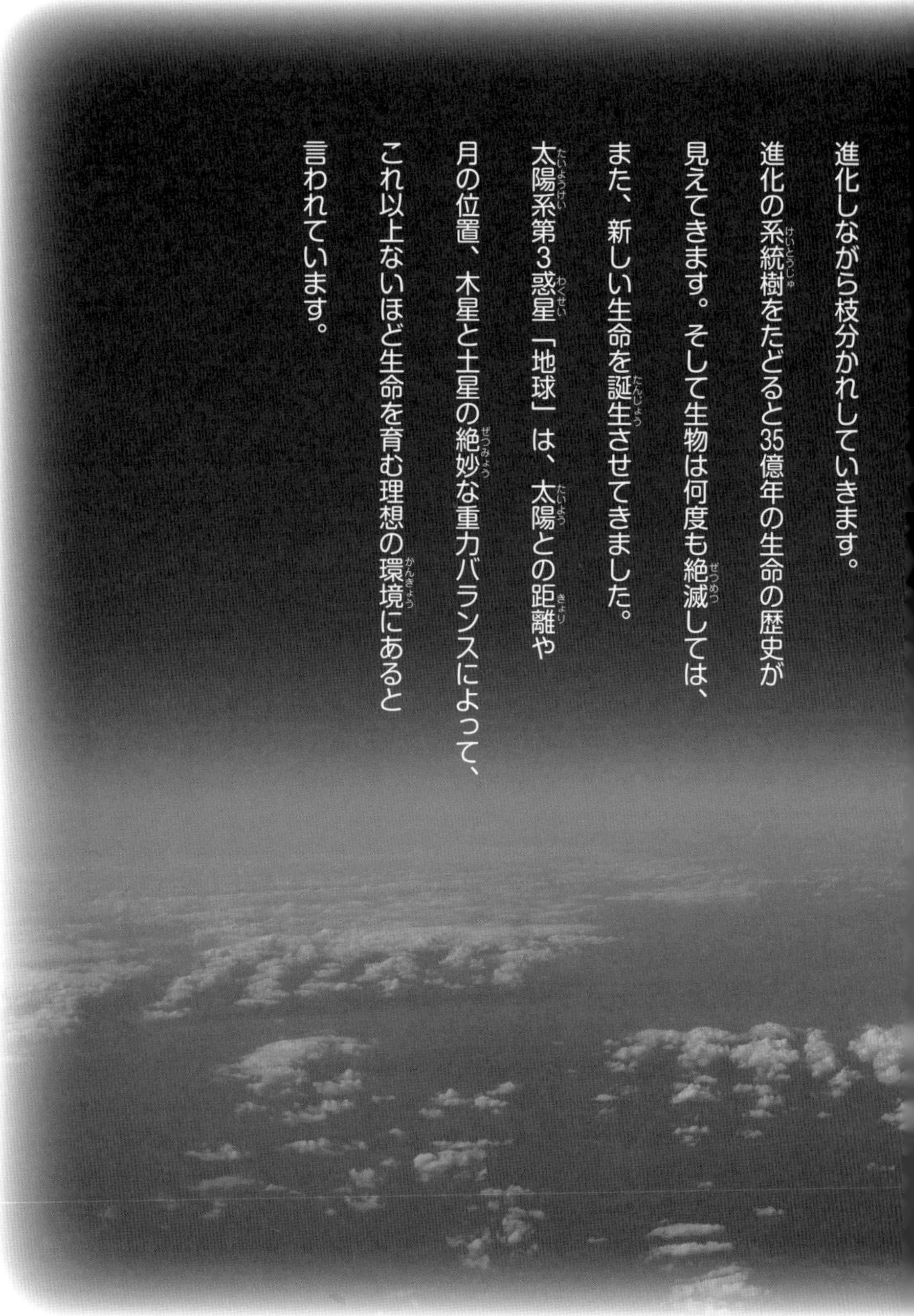

進化しながら枝分かれしていきます。
進化の系統樹《けいとうじゅ》をたどると35億年の生命の歴史が
見えてきます。そして生物は何度も絶滅《ぜつめつ》しては、
また、新しい生命を誕生《たんじょう》させてきました。
太陽系《たいようけい》第3惑星《わくせい》「地球」は、太陽《たいよう》との距離《きょり》や
月の位置、木星と土星の絶妙《ぜつみょう》な重力バランスによって、
これ以上ないほど生命を育む理想の環境《かんきょう》にあると
言われています。

現在からではなく、
過去から未来を見るのです。

吉《よし》野《の》彰《あきら》

1948〜
旭化成《あさひかせい》名誉《めいよ》フェロー、
名城《めいじょう》大学《だいがく》教授、2019年ノーベル化学賞、文化勲章《くんしょう》

2019年のノーベル化学賞が日本人研究者の吉野彰《よしのあきら》さんに授与《じゅよ》されました。日本人として27人目、化学賞では9年ぶりのことで、リチウムイオン電池の開発と実用化に貢献《こうけん》したことが受賞の理由でした。

少し前まではニッケル水素電池が主流でしたが、電圧が不安定で重いなどの問題点があって、それをぜんぶ解決したのがリチウムイオン電池です。

吉野《よしの》さんが化学に興味を持つようになったのは、小学4年生の時に先生がすすめてくれたマイケル・ファラデーの『ろうそくの科学』という本がきっかけだったと言います。なぜろうそくは燃えるのかなど、本には化学の原点が書かれていて、夢中で読みふけったそうです。

化学のとりこになった少年は、その後ひたすら〝化学の道〟を突《つ》き進みます。研究では何度も失敗をくり返し、そのつど壁《かべ》を乗り越《こ》えながら学ぶことを忘《わす》れませんでした。過去の失敗に学ぶ。それをしないと何度も同じ失敗をくり返します。

過去から未来を見れば次に何が必要になるかが見えてくる。リチウムイオン電池の研究もそんなまなざしで進めたから大きな成果を生んだのでしょうね。

「3割《わり》満足で十分」でいけば、
世の中、腹《はら》の立つことも少なくなる。

志《し》村《むら》けん
1950〜2020
タレント、司会者

『アイーン』『変なおじさん』『バカ殿様《とのさま》』など、次から次へと面白《おもしろ》い言葉やキャラクターを生み出してお茶の間に笑いを送り届《とど》けた志村《しむら》けんさん。

テレビに出演する芸人たちの多くは〝しゃべり〟の話芸で人を笑わせますが、彼《かれ》の面白《おもしろ》さは〝動き〟にありました。酔《よ》っ払《ぱら》った人はこんな歩き方をして、お婆《ばあ》さんはこんなしぐさをする。そんなどこにでもある日常の一こまを切り取って面白《おもしろ》おかしく表現しました。〝飽《あ》きられず、忘《わす》れられず〟がキャラクターづくりの基本で、長く続けられるコツだと彼《かれ》は言っています。

無理に笑いを取ろうとしたり、欲《よく》をかいて高望みをすると、それが裏目《うらめ》に出ることを彼《かれ》は知っていました。「飯は腹八分《はらはちぶ》(満腹《まんぷく》の8割《わり》)」という言葉がありますが、「3割《わり》満足で十分」はさらに5割《わり》も我慢《がまん》するということです。

「自分が不幸だと思った時は、上を見ずに下を見ろ」と言った人がいました。下には自分よりもっと不幸な人がいることを知ると、自分は幸せだったことに気づくと言うのです。世界には、1割《わり》の満足も出来ずに暮《く》らしている人がいっぱいいます。だから「3割《わり》でだいじょうぶだぁ」と彼《かれ》は言っているのだと思います。

〝普通《ふつう》でいられることの幸せと感謝〟に
気づきました。

池江璃花子《いけえりかこ》

2000〜
女子水泳選手、16の日本記録保持者

池江璃花子《いけえりかこ》さんが白血病を公表したのは2019年2月のことでした。

その前年、インドネシアのジャカルタで開催《かいさい》されたアジア大会では女子として史上《しじょう》最多の6冠《かん》に輝《かがや》き、数々の日本記録を樹立《じゅりつ》するなど今後の活躍《かつやく》が期待されていた矢先の出来事でした。

闘病《とうびょう》生活は約10か月間におよび、鍛《きた》え抜《ぬ》いた筋肉《きんにく》もすっかり落ちてスイマーとしての夢は絶たれたかと思われましたが、しかし、この苦しい時期を通して彼女《かのじょ》は大きく成長していたのです。これまで〝普通《ふつう》〟だったものが普通《ふつう》でなくなったことで、当たり前すぎて気づかなかったことに気づいたと彼女《かのじょ》は言っています。

それは「生きていることの奇跡《きせき》」、「普通《ふつう》に暮《く》らせることの幸せと感謝」でした。退院してからも免疫抑制剤《めんえきよくせいざい》の投与《とうよ》や経過観察などで、泳ぐことはおろか、水に顔をつけることすら禁じられます。しかし、〝夢〟は絶たれていませんでした。逆に彼女《かのじょ》は「どん底まで行った人間がここまで上がってきたという自分の成長を見せることで、同じ病気で苦しんでいる人々を励《はげ》ましてあげたい」。そして「出来るところまでやりたい。限界まで挑戦《ちょうせん》したい」と語りました。

朝に人としての道を悟《さと》ることが出来れば、
その晩《ばん》に死んでも悔《く》いはない。

高《たか》杉《すぎ》晋《しん》作《さく》
1839〜1867
江戸時代後期の長州藩士《ちょうしゅうはんし》

１８６７年、大政奉還《たいせいほうかん》（徳川幕府《とくがわばくふ》が天皇《てんのう》へ政権《せいけん》を返す）によって江戸から明治へと時代が大きく変わりました。西郷隆盛《さいごうたかもり》や勝海舟《かつかいしゅう》、伊藤博文《いとうひろぶみ》など、この『明治維新《いしん》』の立役者とも言われる多くの人物の中に高杉晋作《たかすぎしんさく》という人がいます。

子供の頃《ころ》、勉強が嫌《きら》いでやんちゃだけが取り柄《え》だった彼《かれ》は、ペリーの黒船が浦賀沖にやってきたのをきっかけに、時代の大きなうねりをいち早く察知して剣《けん》の腕《うで》を磨《みが》き、吉田松陰《よしだしょういん》という学者のもとで学問に精を出すようになります。

ヨーロッパやアメリカなどの列強国は領土拡大《かくだい》のためにアジア進出をおこなって、隣《となり》の清国（中国）がイギリスとの戦争で香港を奪《うば》われてしまいました。危機感《ききかん》を抱《いだ》いた彼《かれ》は、持ち前の度胸《どきょう》と培《つちか》った知識を武器に列強国相手に堂々と渡《わた》り合うことになります。１８６４年には長州藩《ちょうしゅうはん》の代表として連合艦隊《かんたい》と講和交渉《こうしょう》をおこない、譲《ゆず》るところは譲《ゆず》り、譲《ゆず》れないものは断固として退《しりぞ》けました。

終始毅然《きぜん》（堂々）として揺《ゆ》らぐことない彼《かれ》の姿《すがた》を、艦隊《かんたい》のイギリス人通訳《つうやく》は〝魔王《まおう》のようだ〟と言ったそうです。彼《かれ》は肺結核《はいけっかく》のために29歳《さい》の若《わか》さでこの世を去りましたが、人の道をまっとうした〝悔《く》いのない人生〟だったのでしょう。

歴史上、かつてない存在《そんざい》に
なりたい。

デヴィ・スカルノ

1940〜
元インドネシア大統領夫人、
NPO法人アースエイドソサエティ総裁《そうさい》

この言葉は、テレビでもおなじみのデヴィ夫人が、幼《おさな》い頃《ころ》に抱《いだ》いた夢だそうです。“青年よ、大志を抱《いだ》け”という有名な言葉がありますが、デヴィさんは青年になるもっとずっと前から大志を抱《いだ》いていたんですね。

彼女《かのじょ》の本名は根元七保子《ねもとなおこ》。みなさんは知っているかもしれませんが、インドネシアの元大統領スカルノさんと結婚《けっこん》してデヴィ夫人となりました。シンデレラ物語みたいですね。でも、当時のインドネシアは政情が不安定で、スカルノ大統領はクーデター（軍の反乱《はんらん》）で大統領の座《ざ》を奪《うば》われ失脚《しっきゃく》してしまいます。

夫人は追われるようにしてなんとかパリに亡命《ぼうめい》しましたが、それからは苦難《くなん》の連続。インドネシアの政情が少し安定した頃《ころ》に再び戻《もど》ってみると、元は配下だった人たちに頭を下げなければならず、嫌《いや》がらせを受けたりして毎日のように辛《つら》いことが続いたそうです。でも、そこからが彼女《かのじょ》の見せどころ。持ち前の強い心と子どもの頃《ころ》の夢を忘《わす》れず、苦難《くなん》の道を真っすぐ走り続けました。

そして今、世界中に築《きず》いたネットワークを通して、チャリティ・イベントなどのさまざまな社会活動をおこなっています。

すべては僕《ぼく》らの
軽率《けいそつ》が招《まね》いたこと。
そのことを
僕《ぼく》は忘《わす》れたくない。

パオロ・ジョルダーノ
1982〜
イタリア人作家、理論《りろん》物理学博士

人間の特技は〝忘《わす》れる〟ことだそうです。脳《のう》の記憶《きおく》はパソコンのメモリーと同じで容量に限界があり、新しいものを記憶《きおく》するために不要なものを削除《さくじょ》（忘《わす》れる）します。でも、失敗など大事な体験記憶《きおく》まで削除《さくじょ》しては困《こま》ったことになりますね。

イタリア人作家のパオロ・ジョルダーノさんは、いち早く新型コロナウイルスの危機《きき》を感じ取り、世界に警鐘《けいしょう》を鳴らすために『コロナの時代の僕《ぼく》ら』という本を書きました。過去の疫病《えきびょう》や環境《かんきょう》問題、難民《なんみん》問題ともからめて考察した本です。

当時イタリアではパンデミック（感染爆発《かんせんばくはつ》）による犠牲者《ぎせいしゃ》が急激《きゅうげき》に増えていて、恐怖《きょうふ》や不安感から「お前ら（アジア人）のせいだ！」と言って犯人捜《はんにんさが》しをおこなうなど差別や偏見《へんけん》が噴《ふ》き出していました。

「誰《だれ》のせいでもない。どうしても犯人《はんにん》の名を挙《あ》げろと言うのなら、それは僕《ぼく》たちだ」。本の中で彼《かれ》はそう訴《うった》えています。僕《ぼく》たち、すなわち人類全員が犯人《はんにん》だと言うのです。環境破壊《かんきょうはかい》や生態系《せいたいけい》のひずみなど、人間が崩《くず》してしまった自然環境《かんきょう》のスキを突《つ》いてウイルスは侵入《しんにゅう》し、グローバル化した世界に感染拡大《かんせんかくだい》しました。

すべては僕《ぼく》らの軽率《けいそつ》のせい。それを忘《わす》れてはいけないと彼《かれ》は言っているのです。

この世で起こることは、
すべて修行《しゅぎょう》だと思えばいい。

佐藤愛子《さとうあいこ》

1923～
作家、1969年直木賞、2017年旭日小授賞《きょくじつしょうじゅしょう》

少し前に『90歳《さい》、何がめでたい』という本が大ヒットしました。書いたのは直木賞作家の佐藤愛子《さとうあいこ》さん。90歳《さい》の眼から見た今の日本人への苦言（叱《しか》る言葉）がユーモラスにつづられています。

佐藤《さとう》さんはその後に『冥界《めいかい》からの電話』という本を出しました。「冥界《めいかい》」とはあの世で、死んだ後に行くところと言われています。

その前、2002年に出版された『私《わたし》の遺言《ゆいごん》』という本には、彼女《かのじょ》が体験した不思議《ふしぎ》な出来事がいっぱい書かれています。そして精神（心）を大事にすることの大切さとそれをおろそかにしつつある日本人に危機感《ききかん》を訴《うった》えました。

楽しいことや苦しい体験を積み重ね、考えることで人は少しずつ成長していきます。苦しいことから逃《に》げずに真正面から立ち向かうこと。それが与《あた》えられた人生の意味で、すべて人生は〝修行《しゅぎょう》〟だと彼女《かのじょ》は言っています。

文化人類学には〝通過儀礼《つうかぎれい》〟という言葉があって、子どもから大人になるために欠かせない儀式《ぎしき》とされています。儀礼《ぎれい》をパスするには試練（修行《しゅぎょう》）が必要で、彼女《かのじょ》は、きっと人生も一つの大きな〝通過儀礼《つうかぎれい》〟だと言いたいのだと思います。

※「通過儀礼《つうかぎれい》」は、誕生《たんじょう》、成人、結婚など人生の節目におこなわれる儀式です。

ガキたち、
これはチャンスだぞ。

五《ご》味《み》太《た》郎《ろう》

1945〜

絵本作家、エッセイスト

〝ガキたち〟って、ずいぶん失礼な言い方ですね。でもこれは絵本作家・五味《ごみ》太郎《たろう》さんの子どもたちへの愛情をこめた呼《よ》び方なんです。すべての子どもたちを我《わ》が子のように思っているからそんな呼《よ》び方をするのだと思います。

新型コロナウイルスで学校が休校になったり再開したり、オンライン授業になったりと二転三転して不安定な状況《じょうきょう》になっています。このウイルスは100年に一度と言われるほど大きな影響《えいきょう》を世界におよぼすかもしれないと言われます。五味《ごみ》さんは、逆《ぎゃく》にこれを〝100年に一度のチャンス〟が来たと考えました。

経済《けいざい》の問題や政治の問題やオリンピックの延期《えんき》までふくめて、いろいろな疑問《ぎもん》や矛盾《むじゅん》が一気に噴《ふ》き出して大人たちは大混乱《こんらん》しています。何がいちばん大事なことなのか、これまでの優先順位《ゆうせんじゅんい》を見直す時が来たと五味《ごみ》さんは言っています。

あるインタビューでは「早く元《もと》に戻ればいいと言われるけど、じゃあ、元の時は本当に充実《じゅうじつ》していたの？」と答えました。考えさせられる深い言葉です。

これからは自分できちんと考える頭と、大事なこととそうでないことを見分ける鋭敏《えいびん》な心が必要になる。それを磨《みが》くチャンスだと彼《かれ》は言っているのです。

昔を超《こ》えようとして
何が悪い!

中邑《なかむら》真輔《しんすけ》

1980〜
プロレスラー、2018年WWE主催《しゅさい》ロイヤルランブル優勝、WWEUS王座(2回)

プロレスラーには、物事を違《ちが》う角度から見て発言する人がたくさんいます。たとえば長州力《ちょうしゅうりき》さんは、ある看板《かんばん》レスラーと対戦した時に「俺《おれ》はお前の〝咬《か》ませ犬〟じゃない！」と言いました。〝咬《か》ませ犬〟は、ボクシングで本番前の肩慣《かたな》らし用に使われる人のことを言いますが、プライドの高い彼《かれ》はこの言葉で「俺《おれ》は犬じゃなくてライオン（王者）だ」ということをアピールしたのです。

新日本プロレスでエースとして活躍《かつやく》している棚橋弘至《たなはしひろし》選手は「俺《おれ》は生まれてから疲《つか》れたことがない」と言いました。その棚橋《たなはし》選手と激闘《げきとう》をくり広げてきた中邑《なかむら》真輔《しんすけ》さんは、23歳《さい》の時に『IWGPヘビー級王座《おおざ》』を奪取《だっしゅ》して最年少戴冠《たいかん》記録をつくった天才肌《はだ》のプロレスラーです。そして彼《かれ》は、ふつう「上をめざして何が悪い！」と言うところを「昔を超《こ》えようとして何が悪い！」と言いました。

中邑《なかむら》さんは2016年にアメリカの『WWE』というプロレス団体に移籍《いせき》しますが、独特《どくとく》なヘアスタイルとパフォーマンス、ちょっとひねった言葉を使ってアピールする彼《かれ》を見た観客たちは大喜び。『狂気《きょうき》のインテリジェンス』『キング・オブ・ストロングスタイル』などのニックネームをつけてファンになったそうです。

学校に何を忘《わす》れてもいいけど、
命だけは絶対持って帰ってこい。

北《ほく》斗《と》晶《あきら》

1967〜

元女子プロレスラー、タレント、芸能プロモーター

テレビのバラエティ番組などでよく見かける〝鬼嫁《おによめ》〟こと北斗晶《ほくとあきら》さんは、少し前の時代に〝デンジャラス・クイーン（危険《きけん》な女王）〟と呼《よ》ばれて、女子プロレス界に旋風《せんぷう》を巻《ま》き起こした人です。今よりももっと恐《こわ》い〝鬼《おに》〟だったんですよ。でも、それはプロレスを誰《だれ》よりも愛するからこその〝鬼《おに》〟で、彼女《かのじょ》の残したかずかずの名勝負は今も伝説として語り継《つ》がれています。

その中でも、輝《かがや》かしい実績をひっさげて柔道界《じゅうどうかい》から女子プロレス界に転向した神取忍《かんどりしのぶ》さんとの激闘《げきとう》は、名勝負中の名勝負と言われました。かたやプロレスの鬼《おに》、かたや柔道《じゅうどう》の鬼《おに》。鬼《おに》どうしの闘《たたか》いはどちらも譲《ゆず》らずほとんど互角《ごかく》でしたが、最後は意地と意地の張り合いとなって死闘《しとう》の末に北斗《ほくと》さんが勝利しました。

試合後、彼女《かのじょ》は神取《かんどり》さんに「あなたにはプロレスを愛する心がない」と言いました。神取《かんどり》さんのプロレスは「相手の心を折《お》る」でしたが、北斗《ほくと》さんは「徹底的《てっていてき》にお客様を楽しませる」だったのです。そんな人を大切にし、思いやる心は、親になってさらに磨《みが》きがかかってきたようです。「命だけは忘れずに持って帰ってこい」の一語がそれを雄弁《ゆうべん》に語っています。鬼《おに》ではなくて仏だったんですね。

弱気になる自分がライバル。
魔物《まもの》は自分でつくっているのだ
と思っています。

堀《ほり》優《ゆ》衣《い》
2000〜
歌手

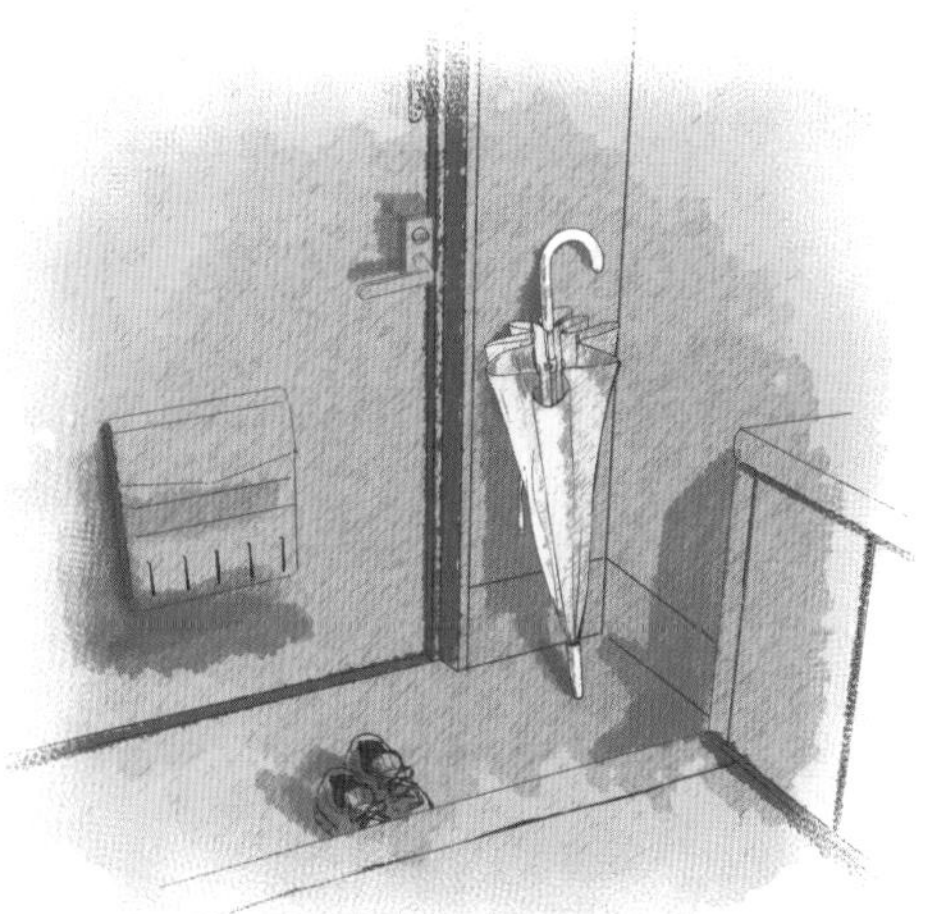

オペラ魔女《まじょ》、絶対女王、怪物《かいぶつ》…。これらはオカルト映画《えいが》の題名ではありません。テレビの人気カラオケバトル番組に登場して活躍《かつやく》する、歌のうますぎる人たちにつけられたニックネームです。

魔女《まじょ》や女王や怪物《かいぶつ》を相手にする挑戦者《ちょうせんしゃ》たちは、その存在感《そんざいかん》に圧倒《あっとう》されて実力を発揮《はっき》できずに敗退《はいたい》する人が多いのですが、堀優衣《ほりゆい》さんは真正面から立ち向かいました。そして、まだ、高校生だったにもかかわらず〝魔物《まもの》〟たちに勝利して9度も優勝《ゆうしょう》の栄冠《えいかん》に輝《かがや》き『最強高校生』と呼《よ》ばれるようになります。

優衣《ゆい》さんは、相手は魔女《まじょ》でも女王でも怪物《かいぶつ》でもなく、自分自身だと言いました。世界で起こるさまざまな出来事は、すべて自分の心が映《うつ》し出したもので、恐怖《きょうふ》も不安も怒《いか》りも、ぜんぶ自分の心の中の出来事です。他者のせいではなく、自分が勝手に引き起こしていること。だからライバルはただ一人、自分自身なのです。

自分を信じきることで、その後、大学に進んだ優衣《ゆい》さんは、２０１９年『全日本大学生歌うま王決定戦』で優勝《ゆうしょう》、見事10冠《かん》を達成しました。

「広く深い心」と「強く動じない心」。
すなわち
「不動心」を持った人間でありたい。

松《まつ》井《い》秀《ひで》喜《き》

1974〜
元プロ野球選手、ニューヨーク・ヤンキース GM 特別アドバイザー、
2013年国民栄誉《えいよ》賞

日本には、世界に誇《ほこ》る怪物《かいぶつ》として、怪獣《かいじゅう》の『ゴジラ』ともう一人、人間の『ゴジラ』がいます。

怪獣《かいじゅう》は映画《えいが》の『ハリウッド』に、人間の方は『ニューヨーク・ヤンキース』という名門の野球チームへ、どちらもアメリカに進出して大活躍《かつやく》しました。

人間の方の『ゴジラ』は松井秀喜《まついひでき》さん。４番打者として数々の本塁打《ほんるいだ》を放つ彼《かれ》が怪獣《かいじゅう》『ゴジラ』のように見えてそう呼《よ》ばれたのかもしれません。

日本の『読売ジャイアンツ』で４番打者として活躍《かつやく》した彼《かれ》は、その後アメリカのメジャーリーグに移籍《いせき》。２００９年にはアジア人ではじめて『ワールドシリーズＭＶＰ』を受賞しました。でも松井《まつい》さんは強打者としてだけでなく、心の広いおおらかな人間としてもチームメイトや多くのファンを魅了《みりょう》し、愛されました。

彼《かれ》の言葉にある「広く深い心」と「動じない心」。それをあわせもった「不動心」が人々に感動を与《あた》えたのでしょうね。「心が変われば行動が変わる。行動が変われば習慣が変わる。習慣が変われば人格が変わる。人格が変われば運命が変わる」。これは高校時代の監督《かんとく》の言葉で、彼《かれ》の『座右《ざゆう》の銘《めい》』だそうです。

感じる心を研ぎ澄《す》ましていくこと。
即座《そくざ》にチャンスをキャッチ出来るよう
準備しておくこと。

向井千秋《むかいちあき》

1952〜
医師、日本人女性初の宇宙《うちゅう》飛行士、
1994年内閣《ないかく》総理大臣賞、2015年レジオンドヌール勲章《くんしょう》

１９９４年に、ＰＳ（搭乗《とうじょう》科学技術者）としてスペースシャトルに乗り込《こ》んだ向井千秋《むかいちあき》さんは、15日間も宇宙《うちゅう》に滞在《たいざい》してそれまでの女性の宇宙滞在《うちゅうたいざい》記録を更新《こうしん》しました。日本人女性としてはじめて宇宙《うちゅう》に行った人なんですよ。

ミッションは、「メダカや金魚が〝宇宙酔《うちゅうよ》い〟するかどうか」の実験。無重力の空間にいると、ふわふわ浮《う》いて、どちらが上でどちらが下かわからなくなり、頭痛《ずつう》やめまいなどを起こして〝宇宙酔《うちゅうよ》い〟するそうですが、「メダカや金魚も宇宙酔《うちゅうよ》いするんだろうか？」と科学（医学）的な実験をおこないました。

向井《むかい》さんは2度もスペースシャトルに乗って宇宙《うちゅう》へ行きました。才能があった？　運がよかった？　チャンスに恵《めぐ》まれた？　でもそれだけで宇宙《うちゅう》には行けません。多くの宇宙《うちゅう》へ行きたいという夢を持った人たちの中からただ一人選ばれるということ。それは、人一倍頑張《がんば》って自分の感じる心を研ぎ澄《す》まし、いつチャンスが来ても即座《そくざ》にキャッチ出来るよう準備をしておいたから。そう向井《むかい》さんは語っています。感じる心は「敏感力《びんかんりょく》」。それを磨《みが》いておくと、アンテナの感度が鋭《するど》くなって即座《そくざ》にチャンスをキャッチ出来るようになるのだと思います。

花が花の本性（素顔）をあらわした時
もっとも美しいように、
人間が人間の本性（真我《しんが》）をあらわした時は
美しさの頂上《ちょうじょう》に達する。

西田幾多郎《にしだきたろう》

1870～1945
哲学者《てつがくしゃ》、京都学派の創始者《そうししゃ》、1940年文化勲章《くんしょう》

敏感力《びんかんりょく》のつぎは、「直感力」です。これは〝インスピレーション〟や〝ひらめき〟のことですが、すごく大事な感覚の一つなんです。

たとえば危機《きき》をすばやく察知したり、何か大きな問題に直面した時などは、直感力が働いて解決することがあります。火山学者の鎌田浩毅《かまたひろき》さんは「火山の噴火《ふんか》や地震《じしん》などから身を守るには〝直感力〟が何よりも重要」だと言っています。

この「直感力」と似た漢字に「直観力」があります。「直感」は感じることですが、「直観」は自分の心の深いところから立ち上がってくるものとされています。

世界的な哲学者《てつがくしゃ》の西田幾多郎《にしだきたろう》さんは、禅《ぜん》の修行《しゅぎょう》などを通して「直観て何なの？」を徹底的《てっていてき》に追求しました。そして、誰《だれ》でも生まれながらに持っているのだが、磨《みが》かないと発揮《はっき》出来ないものだということに気づきます。〝気づく〟は〝自覚〟することで、そもそも自分にないものを〝気づく〟ことは出来ません。西田《にしだ》博士は、やはり世界的な仏教学者の鈴木大拙《すずきだいせつ》博士と仲良しで、ともに禅《ぜん》の厳《きび》しい修行《しゅぎょう》を通して直観力を磨《みが》くことに専念《せんねん》しました。テーマの言葉は、飾《かざ》らず、虚勢《きょせい》を張らず、人間も花と同じなのだから、それに気づくことが大切という意味です。

私《わたし》の使命は、
ただひたすら誠心誠意《せいしんせいい》で
人に尽《つ》くすことです。

工藤澄子《くどうすみこ》
1929〜1976
翻訳者《ほんやくしゃ》、國學院大學《こくがくいんだいがく》外事《がいじ》秘書《ひしょ》、慈眼寺庵主《じげんじあんしゅ》

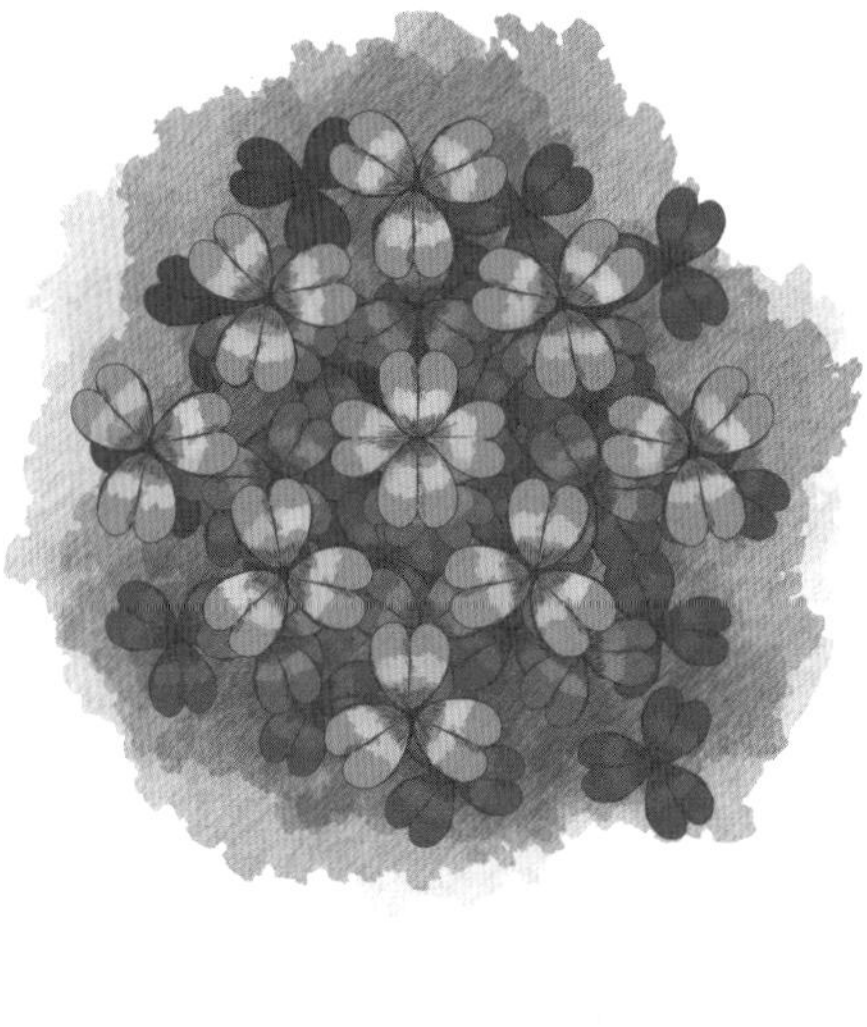

工藤澄子《くどうすみこ》さんは、複雑《ふくざつ》な家庭環境《かんきょう》の中で育ちながら、幼年《ようねん》期から青春期まで辛《つら》く悩《なや》みの多い時代を過ごしました。大学の英文科で学んだ彼女《かのじょ》は卒業して航空会社に就職《しゅうしょく》します。しかし、子どもの頃《ころ》から抱《いだ》き続けた悩《なや》みや疑問《ぎもん》は膨《ふく》らむばかりで、やがて禅《ぜん》の老師（先生）に教えを受けるようになります。

老師は『花語らず』という自分のつくった詩を彼女《かのじょ》に語って聞かせました。それは、「花は黙《だま》って咲《さ》いて黙《だま》って散るが、その一瞬一瞬《いっしゅんいっしゅん》に永遠の命を刻《きざ》んで輝《かがや》き、悔《く》いを残さない」といった内容の詩でした。聡明《そうめい》な彼女《かのじょ》は、この言葉に込《こ》められた意味を直観します。「生きるとはそういうことだったのか」と理解したのです。

工藤《くどう》さんは日本ではあまり知られていませんが、鈴木大拙《すずきだいせつ》博士の英語本を和訳《わやく》したり、柴山全慶《しばやまぜんけい》老師が国際交流で海外に赴《おもむ》く時には通訳《つうやく》のお供をして、アメリカやヨーロッパではよく知られた人でした。その後、彼女《かのじょ》は自分で蓄《たくわ》えた貯蓄《ちょちく》をすべて人のために使います。そして47歳《さい》の若《わか》さで世を去りました。「私《わたし》の使命は、ひたすらまごころで人に尽《つ》くすこと」。辛《つら》い人生から学び、彼女《かのじょ》が辿《たど》り着いた言葉です。こんな高潔《こうけつ》な日本人がいたということを忘《わす》れずにいて欲《ほ》しいと思います。

無意識からあふれるものでなければ、
多くは無力か詐欺《さぎ》である。

宮《みや》澤《ざわ》賢《けん》治《じ》
1896〜1933
童話作家

時代は今、無力（あきらめ）と詐欺《さぎ》（ウソやデマ）にあふれています。

『銀河鉄道の夜』などで知られる童話作家の宮澤賢治《みやざわけんじ》さんは、「無意識からあふれるものでなければ真実ではない」という独自《どくじ》の考え方を持っていました。

〝無意識〟はいろいろな意味で使われる言葉ですが、ここでは〝無心〟、または〝まごころ〟という意味合いで使っているのだと思います。

彼《かれ》は宗教や天文学など当時最先端《さいせんたん》の学問を学んで、その幅広《はばひろ》い知識と考えを童話や詩など、さまざまな書物に凝縮《ぎょうしゅく》させました。無意識からあふれ出る彼《かれ》の〝想像力〟と〝人間力〟のすごさは『銀河鉄道の夜』を読むとよくわかります。

〝人間力〟は「人を思いやる力」です。賢治《けんじ》さんには最愛の妹がいましたが、彼《かれ》が26歳《さい》の時に肺炎《はいえん》で亡《な》くなってしまいます。『スペインかぜ』というインフルエンザが世界的な流行を起こして多くの日本人が犠牲《ぎせい》になっていた時期です。

妹との別れを記した『永訣《えいけつ》の朝』という詩には、この時の彼《かれ》の深い悲しみがつづられています。そして彼《かれ》の無意識（無心）は「悲しみはちからに、欲《よく》はいつくしみに、怒《いか》りは知恵《ちえ》に導かれるべし」という言葉をつむぎ出しました。

おわりに

2020年、新型コロナウイルスが世界を混乱《こんらん》の渦《うず》へと巻《ま》き込《こ》みました。

およそ600年前にはペスト菌《きん》によってヨーロッパ人口のほぼ3分の1の人たちが犠牲《ぎせい》となり、約100年前の『スペインかぜ』では1億人もの命が奪《うば》われたと言われます。いったいこの細菌《さいきん》やウイルスはどこで生まれ、なぜ存在《そんざい》するのでしょう。細菌《さいきん》は太古の時代から存在《そんざい》しましたが、生物学者の福岡伸一《ふくおかしんいち》さんは、ウイルスは高等生物が登場したあとにはじめてあらわれたと言っています。

もともと生物の体内の遺伝子《いでんし》の一部だったウイルスは時々進化を加速してくれることもあり、必要なものとして生物は受け入れてしまうのではないかと推測《すいそく》して、「ウイルスは私《わたし》たち生命の不可避的《ふかひてき》な一部であるがゆえに、根絶したり撲滅《ぼくめつ》したりすることはできない。これからもウイルスを受け入れ、ともに動的平衡《へいこう》（生命が変化しながらもバランスを保っている状態）を生きていくしかない」と語っています。

植物や昆虫《こんちゅう》などもふくめて生物には生き延《の》びるための「戦略」があります。ウイルスは生物でも無生物でもないと言われますが、同じ地球上に生まれたからには生態系《せいたいけい》の一部として何らかの役割《やくわり》を担《にな》っているのかもしれません。

パンデミック（感染爆発《かんせんばくはつ》）は、その原因であるウイルス以上に人間の恐怖心《きょうふしん》や憎悪《ぞうお》を感染爆発《かんせんばくはつ》させています。いかにこの時代を乗り切り、生き抜《ぬ》くか。そのためには、ウソやデマに惑《まど》わされず真実を見抜《みぬ》く力が何よりも重要です。

身体だけでなく心（頭）の免疫力《めんえきりょく》を高めることも大切で、その特効薬が〝考える〟ことです。答が出なくてもとことん考えることで心が強くなると最新の脳科学《のうかがく》でわかってきました。『禍《わざわい》を転じて福となす』。災《わざわ》いもチャンスと捉《とら》えることで思わぬ発見をしたり、新しい自分と出会えるかもしれません。

2020年　佐久間博

本書は、各界著名人《ちょめいじん》の『名言』を私《わたし》なりに解釈《かいしゃく》したものです。彼《かれ》らの〝言霊《ことだま》〟を私《わたし》なりに受け止めたつもりですが、語った人の本意にそぐわない内容もあるかもしれません。解釈《かいしゃく》の拙《つたな》さや文の未熟《みじゅく》さをご容赦《ようしゃ》いただければ幸いです。

参考資料：アエラ、月刊文芸春秋、朝日新聞、毎日新聞、報知新聞、日本経済新聞、本誌掲載書籍ほか

文●**佐久間博**（さくま ひろし）

1949年、宮城県仙台市生まれ。20代より40年間広告コピーライターの仕事に従事。旅を最良の友として仕事のかたわら世界各地を巡り歩き、訪れた国は50か国を超える。著書にアフリカでの体験を綴った「パラダイス・マリ」、汐文社刊「きみを変える50の名言（全3巻）／第1期」、「空飛ぶ微生物ハンター」、「いつ？どこで？ビジュアル版巨大地震のしくみ（全3巻）」がある。現在、広告業界を退いて旅に関するエッセイや小説などを執筆中。

絵●**ふすい**

イラストレーター、装画家。『青くて痛くて脆い』(KADOKAWA)や『青いスタートライン』(ポプラ社)、『僕の永遠を全部あげる』（一迅社）『海とジイ』（小学館）等、数多くの書籍装画や挿絵を手掛ける。みずみずしく細部まで描き込まれた背景、光や透明感、空気感等、独特なタッチを特徴としている。

［オフィシャルHP］https://fusuigraphics.tumblr.com

きみを変える50の名言 2期

羽生結弦、志村けんほか

発　行	2020年8月	初版第1刷発行
	2022年4月	初版第3刷発行
文	佐久間博	
発行者	小安宏幸	
発行所	株式会社 汐文社	
	東京都千代田区富士見1-6-1　〒102-0071	
	TEL：03-6862-5200　FAX：03-6862-5202	
	URL：http://www.choubunsha.com	
企画・制作	株式会社 山河（生原克美）	
印　刷	新星社西川印刷株式会社	
製　本	東京美術紙工協業組合	

ISBN978-4-8113-2763-1　　NDC917